EL
TAO
DE LA
RESPIRACIÓN
NATURAL

El poder transformador
de la respiración natural

DENNIS LEWIS

aia Ediciones

El pasaje de Tzu Kuo Shih en la página 93 está recogido de *Qi Gong Therapy: The Chinese Art of Healing with Energy*, de Tzu Kuo Shih y ha sido impreso con permiso de Station Hill Press.

UNA ADVERTENCIA

Las prácticas de este libro no pretenden reemplazar los servicios de tu médico ni proporcionar una alternativa al tratamiento médico profesional. Este libro no ofrece un diagnóstico ni un tratamiento para un problema médico específico que tú pudieras tener. Si bien sugiere la utilidad de ciertas prácticas en relación a ciertas enfermedades o síntomas, esto es única y exclusivamente con fines instructivos —bien para explorar la posible relación entre la respiración natural y la salud, o para exponer al lector formas alternativas de curación de otras tradiciones, especialmente la tradición taoísta de China. Las prácticas de respiración esbozadas en este libro son extremadamente benévolas, y pueden (si se llevan a cabo tal como se indica) ser beneficiosas para tu salud física y psicológica. No obstante, si tienes algún problema serio, ya sea médico o psicológico (tales como una enfermedad de corazón, hipertensión, cancer, una enfermedad mental, o una operación reciente en la zona abdominal o del pecho) deberías consultar a tu médico antes de emprender ninguna de estas prácticas.

Título original: *The Tao of Natural Breathing*

Traducción: Nora Steinbrun

Diseño de portada: Rafael Soria

© Dennis Lewis, 1997

De la presente edición en castellano:
© Gaia Ediciones, 1998
   Alquimia, 6 - 28935 Móstoles (Madrid) - España
   Tels.: 91 614 53 46 - 91 614 58 49
   E-mail: alfaomega@alfaomega.es

Primera edición: febrero de 2012

I.S.B.N.: 978-84-8445-425-0
Depósito Legal: M. 4.533-2012

Impreso en España por: Artes Gráficas COFÁS, S.A. - Móstoles (Madrid)

Dedicado a mi hijo Benoit, quien, desde su nacimiento, ha sido la inspiración por la que nunca he cesado en el empeño de aprender y crecer.

Y mi más profunda gratitud a lord John Pentland, mi maestro y eminente especialista en la obra de Gurdjieff en los Estados Unidos hasta su muerte, en 1984, quien me enseñó a pensar desde la perspectiva y la sensación de totalidad; a Jean Klein, el maestro de Advaita Vedanta, que me ayudó a comprender que el amor y la conciencia moran en lo más profundo del ser; y a Mantak Chia, maestro taoísta que dio a conocer el Tao de la Sanación en los Estados Unidos y quien, junto a Gilles Marin, me demostró que todos contamos con el poder de sanar: el poder creativo de la vida.

Í N D I C E

UNAS PALABRAS DEL MAESTRO MANTAK CHIA

EN LA ACTUALIDAD la relación entre la respiración, la salud y el desarrollo espiritual despierta cada vez más interés. Por desgracia, son pocas las personas que, al experimentar con su respiración, comprenden la importancia de la «respiración natural», que no es otra que la forma de respirar espontánea en la que participa todo el cuerpo, típica de los bebés o los niños pequeños. Sin embargo, en lugar de intentar aprender a respirar naturalmente, muchas personas imponen complicadas técnicas de respiración sobre sus ya malos hábitos respiratorios, carentes de toda armonía con las leyes psicológicas y fisiológicas de la mente y el cuerpo. El problema es que no armonizan con el Tao.

La respiración natural es una parte integral del Tao. Durante miles de años, los maestros taoístas han enseñado a sus alumnos a respirar de forma natural a través del chi kung, el tai chi, y otras artes y ciencias de la meditación y la sanación. La respiración natural nos permite conservar la salud general; gracias a ella podemos mejorar el funcionamiento y la eficacia de nuestro corazón, pulmones y otros órganos y sistemas internos, al tiempo que podemos equilibrar nuestras emociones y transformar el estrés y la negatividad en energía que podríamos emplear para nuestra propia curación y nuestro desarrollo. Y, además, podemos extraer y absorber mejor la energía que necesitamos para nuestro crecimiento espiritual e independencia.

En los últimos años se han publicado muchos libros sobre respiración, aunque ninguno de ellos ha profundizado tanto en el significado, la práctica y los beneficios de la respiración natural como este importante último trabajo de Dennis Lewis. Basándose en su propio estudio e investigación de diversas tradiciones y disciplinas, incluido el *Tao de la Sanación,* Lewis reúne en un solo libro la visión psicosomática, el conocimiento científico y las prácticas vitales que nos pueden ayudar a descubrir el poder de la respiración natural para rejuvenecer y transformar nuestra vida.

El Tao de la respiración natural nos ayuda a comprender hasta qué punto la forma en que respiramos influye sobre nuestra vida. Al margen del nivel de experiencia de cada persona, todos los lectores aprenderán más acerca de sus hábitos respiratorios específicos, y tomarán conciencia de que suelen socavar su propia salud y bienestar; comprenderán asimismo que la auténtica respiración natural depende menos del aprendizaje de nuevas técnicas que de lo que Lewis llama «reeducación» de nuestra percepción interior. Esta nueva educación, que supone aprender a percibir las estructuras y energías interiores de la mente y el cuerpo, es la base misma del enfoque taoísta de la sanación y el desarrollo espiritual.

Maestro MANTAK CHIA
El Tao Sanador Internacional
Chiang Mai, Tailandia

 Vacíate de todo.
Deja que la mente se sosiegue.
Los diez mil elementos se elevan y caen mientras el Ser los observa regresar.
Crecen y florecen para volver a la fuente.
Volver a la fuente es el sosiego, el modo de obrar de la naturaleza...

LAO TSE, *Tao Te Ching*

PRÓLOGO

WILLIAM BLAKE ESCRIBIÓ: «En todo lo que Dios ha creado existe un *crack*». Para mí, este *crack* —el punto en el que algo nuevo y más significativo puede entrar en nuestra vida— me resultó especialmente evidente en 1990, cuando me encontraba física, emocional y espiritualmente exhausto, y aquejado de un constante y agudo dolor en el lado derecho de la caja torácica. Acababa de pasar por el enorme estrés de vender mi agencia de relaciones públicas a una reconocida firma inglesa, y había trabajado para maximizar el precio de venta de la compañía durante dos años bajo la dirección de los nuevos propietarios. A pesar de que había sentido molestias abdominales crónicas durante varios años, y de hecho me habían diagnosticado «colitis» hacía mucho, este dolor era diferente.

Consulté a distintos médicos, masajistas y especialistas en trabajo corporal para ponerle fin, pero sin resultado. Fue durante ese período cuando conocí a Gilles Marin, alumno del maestro taoísta Mantak Chia, y a su vez maestro y especialista en Chi Nei Tsang (CNT), una práctica de sanación taoísta que usa el masaje del chi sobre los órganos internos y trabaja con la respiración para eliminar las tensiones y las energías perjudiciales para nuestro cuerpo.

Cuando Gilles colocó sus manos sobre mi vientre por primera vez para masajear mis tejidos y órganos internos, y me pidió que respirase «dentro» de determinadas partes de mi cuerpo que nunca había percibido a través de la respiración, no tenía idea del increíble viaje de descubrimiento que había emprendido. A pesar de que Gilles me dijo que el CNT formaba parte de un sistema de sanación y prácticas espirituales más grande llamado «Tao de la Sanación», creado por el maestro Chia, mi preocupación inmediata era deshacerme del dolor que sentía. Yo ya tenía mis propias prácticas espirituales; lo que necesitaba era curarme.

Curar... Una palabra que no había considerado demasiado profundamente en mi vida. Pero a medida que Gilles comenzó a trabajar más intensamente conmigo, y cuanto más claro me resultaba que el proceso de curación dependía en gran medida de mi propia conciencia interior, empecé a comprender por qué las expresiones «sanar» e «integrar» están tan estrechamente ligadas. A pesar de que el dolor físico desapareció tras varias sesiones, y si bien comencé a sentirme más vivo, surgió un dolor psíquico más profundo: el de reconocer que a pesar de todos mis esfuerzos de varios años centrados en el autoconocimiento y la autotransformación, sólo había conseguido abrirme a una pequeña porción de la vasta escala de energías físicas, emocionales y espirituales de las que disponemos en todo momento. Mientras Gilles continuaba trabajando sobre mí, y a medida que mi respiración comenzaba a penetrar más profundamente en mi ser, comencé a percibir capas y capas de tensión, ira, miedo y tristeza que resonaban en mi abdomen, bajo el nivel de la llamada «conciencia alerta», y consumían las energías que me hacían falta no sólo para conservar la salud, sino para comprometerme realmente con la vida. Y esta sensación cada vez más profunda en el centro mismo de mi ser —por cierto muy dolorosa— trajo consigo una apertura no sólo en mis tejidos abdominales, sino también en mis actitudes más íntimas hacia mí mismo, una suerte de «bienvenida» a determinados fragmentos de mi ser hasta el momento inconscientes a una nueva sensación de descubrimiento, totalidad y crecimiento interior.

De inmediato me di cuenta de que el Chi Nei Tsang —gracias a su penetración en mis energías físicas y emocionales a

través del contacto con las manos y el trabajo respiratorio—
me proporcionaba una «vía sanadora» hacia mí mismo; de
hecho, a medida que me interiorizaba más acerca de su acción como consecuencia del efecto que producía en mí, comenzaba a tomar clases con Gilles y a trabajar sobre mis ami-
gos. Y también aprendí diversas prácticas de sanación y chi
kung con maestros del *Tao de la Sanación* (incluido el maestro Chia), en las que había que llevar a cabo prácticas especiales de respiración. Tras más de un año de clases de CNT y
muchas horas de práctica clínica, fui examinado por el maestro Chia, que me declaró capacitado para practicar CNT de
forma profesional. Y tras muchas clases de *Tao de la Sanación*
y retiros, así como de intenso trabajo por mi cuenta, el maestro Chia también certificó mi capacitación para impartir clases
sobre algunas de las prácticas del Tao de la Sanación. Desde
entonces he hecho trabajos de CNT, tanto para mis propios
clientes como para una clínica de medicina china de San
Francisco, y he impartido clases y dirigido talleres de Tao de
la Sanación permanentemente, poniendo especial énfasis en la
respiración.

Como resultado de mi trabajo con esta práctica y de otras
enseñanzas, como la obra de Gurdjieff y Advaita Vedanta, me
han quedado en claro dos factores fundamentales respecto de
la relación entre la respiración, la salud y el crecimiento interior. En primer lugar, que nuestros deficientes hábitos respiratorios han surgido no sólo a partir de nuestra «ignorancia»
psicosomática —la falta de conciencia orgánica—, sino también a raíz de nuestra necesidad inconsciente de un mecanismo
«de amortiguación» que nos impide percibir y sentir la realidad de nuestros miedos y contradicciones, tan profundamente
arraigados en nosotros. Sin duda alguna, *la respiración superficial deriva en una experiencia igualmente superficial de nosotros
mismos.* En segundo lugar, que si fuésemos capaces de respirar
«naturalmente» durante un ínfimo porcentaje de las más de
quince mil respiraciones que hacemos durante las horas de vigilia todos los días, daríamos un gran paso no sólo hacia la
prevención de muchos de los problemas físicos y psicológicos

que se han tornado endémicos en nuestra vida moderna, sino también hacia el impulso de nuestro crecimiento interior, el crecimiento de la conciencia acerca de quiénes y qué somos realmente, de nuestro ser esencial. Sinceramente deseo que las ideas y los ejercicios que exploraremos en este libro contribuyan a hacerlo posible.

INTRODUCCIÓN

Un milagro y una advertencia

El proceso de la respiración, del movimiento fundamental de la inspiración y la espiración, es uno de los grandes milagros de la existencia. No sólo desata las energías de la vida, sino que también crea una vía sanadora hacia los más profundos espacios de nuestro ser. Inhalar profundamente supone llenarnos de las energías de la vida, estar inspirados; exhalar de forma completa significa vaciarnos, abrirnos a lo desconocido, espirar. Por ello, una conciencia cada vez más profunda de los ritmos, siempre cambiantes, de este proceso básico nos permite despertar a nuestros poderes de sanación interior: la energía de la totalidad.

Respirar es vivir. Respirar profundamente es vivir con plenitud, manifestar todo el alcance y el poder de nuestro potencial innato de vitalidad en todo lo que percibimos, sentimos, pensamos y hacemos. Por desgracia, pocos de nosotros respiramos profunda y completamente. Hemos perdido la capacidad de «respirar naturalmente», una noción con la que contábamos cuando éramos bebés y niños. Nuestra respiración superficial crónica reduce la capacidad de trabajo de nuestro sistema respiratorio a aproximadamente sólo un tercio de su potencial, disminuye el intercambio de gases y en consecuencia la producción de energía en nuestras células, nos priva de las muchas acciones saludables que ejercería la respiración natural sobre nuestros órganos internos, nos aleja de nuestros verdaderos sentimientos, y promueve la falta de armonía y el malestar a todo nivel.

¿Qué es la respiración natural? ¿De qué forma altera nuestra vida y nuestra salud? Para responder a estas preguntas debemos emprender un estudio experimental de la respiración en el laboratorio de nuestro propio cuerpo. Debemos comprobar «en persona» de qué forma la respiración está íntimamente ligada no sólo a nuestra energía, sino a todos los aspectos de nuestro ser: desde la salud de nuestros tejidos, órganos, huesos, músculos, hormonas y sangre, hasta la calidad y amplitud de nuestros pensamientos, actitudes, emociones y conciencia. Debemos empezar a comprender el gran poder que tiene la respiración para que nos abramos o cerremos a nuestros poderes de sanación interior y también a nuestro potencial de desarrollo psicológico y espiritual.

De todas las enseñanzas antiguas y modernas que han explorado el significado de la respiración en nuestra vida, la tradición taoísta china, que es más una forma de vida que una religión formal, ofrece uno de los enfoques más prácticos y clarificadores sobre el uso de la respiración para conservar la salud y el bienestar. Una de las razones es que, desde el comienzo del taoísmo, durante el reinado del Emperador Amarillo (Huang Ti) alrededor del año 2700 a. de C., las metas de la salud y la longevidad estaban unidas a los objetivos de la evolución espiritual y la inmortalidad. Los taoístas se dieron cuenta de que una vida prolongada y sana, llena de vitalidad, no sólo es una propuesta inteligente sino una importante base para una meta más difícil, como es la del crecimiento espiritual y la independencia. Con el respaldo de más de cuatro mil años de experimentación con sus propias energías físicas, emocionales, mentales y espirituales a través de posturas y movimientos especiales, masajes, visualizaciones, sonido, meditación, dieta, y muchas otras disciplinas prácticas, los taoístas observaron que la respiración natural —que actúa de acuerdo con las «leyes» del organismo humano— podía ejercer una poderosa influencia sobre la cantidad y calidad de dichas energías y, en consecuencia, sobre la calidad y dirección

de nuestra vida. Porque si tuviésemos que elegir una definición del Tao, la más apropiada sería que se trata del *modo de
obrar,* las leyes de la naturaleza y el universo: las leyes de la
creación y la evolución. Viviendo en armonía con ellas obten-
dremos la libertad para descubrir y cumplir con nuestro desti-
no físico, psicológico y espiritual.

El *Tao de la respiración natural* integra las enseñanzas y las
prácticas relativas a la salud —en especial aquellas surgidas a
raíz de mi trabajo con el maestro taoísta Mantak Chia— con
las observaciones y descubrimientos que he hecho en los últimos treinta años acerca de varios otros sistemas y enseñanzas,
incluyendo la obra de Gurdjieff, Advaita Vedanta, Feldenkrais,
e Ilse Middendorf, así como con importantes principios de
anatomía, fisiología y neuroquímica. Según mi experiencia,
cualquier trabajo serio que se emprenda con la respiración requiere mucho más que ejercicios apropiados: también hace
falta un claro «punto de vista científico» del cuerpo humano y
un profundo trabajo de conciencia orgánica, que es la capacidad de percibir y sentir nuestro propio ser desde dentro.

UNA ADVERTENCIA ACERCA DE LOS EJERCICIOS DE RESPIRACIÓN

El gran investigador espiritual G. I. Gurdjieff dijo en una oportunidad que «si no se aprende a respirar no se aprende nada» [1].
Pero también advirtió que sin un conocimiento completo de
nuestro organismo, en especial de las relaciones entre los ritmos de nuestros distintos órganos, el intento de cambiar la forma en que respiramos puede resultar muy perjudicial. Es evidente que el trabajo con la respiración, en especial algunas de
las avanzadas técnicas yogui (pranayama) que se enseñan en
Occidente a través de libros y clases, está atestado de peligros.
Karlfried Durckheim, pionero de la integración cuerpo-mente-

---

[1] P. D. Ouspensky, *Fragmentos de una enseñanza desconocida* (Ed. Ga-
nesha, Caracas, Venezuela 1995)

espíritu, hace mención en su libro *Hara: centro vital del hombre* de algunos de los peligros que encierra enseñar técnicas de respiración yogui a occidentales. Señala que la mayor parte de los ejercicios, que «conllevan tensión» fueron creados para los indios, que sufren de una «distensión inerte». Los occidentales, por el contrario, padecen de un «excesivo impulso ascendente... demasiada voluntad». Durckheim afirma que, a pesar de que muchos maestros de yoga intentan ayudar a sus alumnos a relajarse antes de presentarles los ejercicios de respiración, no se dan cuenta de que la «distensión» necesaria para una relajación profunda sólo se consigue «tras una larga práctica». En el mejor de los casos, según Durckheim, sugerir prematuramente ejercicios de respiración genera nuevas tensiones sobre las ya establecidas y produce una «vitalidad inducida artificialmente (...) seguida de agotamiento, por lo que el practicante acaba interrumpiendo sus esfuerzos, su práctica»[2].

Según mi propio trabajo sobre mí mismo y mi observación de otras personas, creo que sólo después de muchos meses (o incluso años) de práctica progresiva basada en la autoobservación y la conciencia de uno mismo, la mayoría de los occidentales pueden experimentar la profunda relajación interior, la ausencia de toda premeditación, que resulta fundamental a la hora de obtener un beneficio duradero de los ejercicios avanzados de respiración, ya sean yoguis, taoístas u otros. Los ejercicios respiratorios que incluyen complicados esquemas de recuento, respiración alterna entre una y otra fosa nasal, respiración inversa, retención de la respiración, hiperventilación[3], etc., sólo dan resultado en personas que ya respiran *de*

---

[2] Karlfrief Durckheim, *Hara: centro vital del hombre* (Ed. Mensajero, Bilbao, 1986), pp. 163-190.

[3] Naturalmente, la hiperventilación puede ser una poderosa herramienta en el trabajo de transformación. En las páginas 170-184 del libro *The Adventure of Self Discovery* (Nueva York: State University Press, 1988), su autor, Stanislav Grof, reconocido psiquiatra y fundador de la «terapia holotrópica», señala que una hiperventilación continuada ayuda a distender las defensas psicológicas y generar una «profunda liberación emocional así como una notable relajación física». Grof considera que esto ocurre no sólo a tra-

forma natural, es decir, que hacen participar a todo su cuerpo en el proceso respiratorio. Según mi experiencia, la respiración natural es *en sí misma* una poderosa forma de autosanación. Por este motivo, el *Tao de la respiración natural* explora esta clase de respiración de forma tan profunda, describiendo en detalle algunos puntos de vista y prácticas fundamentales que, gracias a una mayor conciencia interior, pueden ayudarnos a ver y transformar los obstáculos que ponemos nosotros mismos y le impiden manifestarse en nuestra vida.

Naturalmente, podría decirse (como han hecho algunos maestros taoístas y de otras prácticas) que como la respiración natural es *natural*, cualquier *esfuerzo* por respirar naturalmente no tiene ningún sentido y resulta contraproducente. Ellos aseguran que cuando nuestra mente se vacía y consigue sosegarse, la respiración natural surge automáticamente[4]. Sin embargo, aceptar esta afirmación no soluciona el problema, sino que simplemente nos plantea un nuevo interrogante: ¿cuáles son las condiciones que nos permiten calmar y vaciar nuestra mente? ¿Qué trabajo personal se necesita? No tiene ningún

---

vés del tradicional mecanismo psiquiátrico de la catarsis, sino también debido a que la hiperventilación traslada a la superficie «tensiones profundas» en forma de «contracciones y espasmos prolongados (...) que consumen enormes cantidades de energía contenida». Desde su punto de vista, el consumo de esta energía a través de las mencionadas contracciones y espasmos da paso a una transformación psicofísica. En general, se trata de un trabajo intensamente emocional, y la persona que lo lleva a cabo puede necesitar mucha atención terapéutica individual; además, como la hiperventilación inicialmente amplifica y pone de manifiesto las diferentes tensiones psicofísicas que tienen lugar en el organismo, es importante continuar con esta forma de respiración hasta que tengan lugar la resolución y la liberación esperadas. Si bien el trabajo de Grof es fascinante y sin duda alguna de gran importancia, mi intención en este libro es demostrar que es posible redescubrir nuestra respiración natural y auténtica en las condiciones normales de nuestra vida, sin necesidad de ayuda psiquiátrica. En consecuencia, no seguiré explorando las técnicas terapéuticas de la hiperventilación.

[4] Véase, por ejemplo, *The Jade Emperor´s Mind Seal Classic: A Taoist Guide to Health, Longevity and Immortality*, traducido al inglés por Stuart Alve Olson (St. Paul: Dragon Door Publications, 1992), pp. 69-71.

sentido trasladar el problema desde el cuerpo a la mente, o viceversa, pues la respiración natural supone la participación de ambos.

La aparición de la respiración natural en nuestra vida no es cuestión de lo que hacemos, sino de cómo lo hacemos. Si tomamos las prácticas que propone este libro como simples técnicas que puedan ser manipuladas por nuestra voluntad, no nos aportarán nada; pero si, por el contrario, conseguimos considerarlas vehículos naturales para la exploración de las leyes fisiológicas y psicológicas de nuestra mente y nuestro cuerpo —a partir de impresiones directas provenientes de una claridad de conciencia interior— podremos comenzar a aprender qué significa en verdad sosegar y vaciar nuestra mente. Al margen de cómo vivamos o qué hagamos (o dejemos de hacer), siempre estamos haciendo algo, practicando algo, aunque tan sólo sea repetir mecánicamente y afianzar cada vez más los limitados hábitos mentales, corporales y de percepción que moldean nuestra vida y en general son perjudiciales. Para obtener un verdadero beneficio de los ejercicios de este libro, debemos afrontarlos con la mayor conciencia posible, cuidando de *comprender* su finalidad, *sentir* su espíritu y *percibir* su efecto sobre la totalidad de nuestro ser.

Cómo expandir nuestro limitado sentido del ser

El verdadero poder de las ideas y las prácticas de este libro es ayudarnos primero a experimentar y luego a liberarnos de las muchísimas actitudes inconscientes y poco «amplias» que tenemos frente a nosotros mismos y el mundo, que nos provocan estrés y otros problemas en casi todas las áreas de la vida. En general son estas mismas actitudes —profundamente atrincheradas en nuestra mente, corazón y cuerpo, y manifestadas y fomentadas por nuestra forma personal de respirar— las que reducen nuestra conciencia, estrechan nuestra fuerza vital y nos impiden vivir vidas conscientes y sanas, en armonía con nosotros mismos, los demás y nuestro entorno.

Por fortuna no tenemos que intentar trabajar con estas actitudes individualmente, pues sería una tarea imposible que nos llevaría toda la vida. Como si se tratase de rayos que surgen del eje central de una rueda, nuestras actitudes nacen del eje de la imagen que tengamos de nosotros mismos: la limitada, incompleta y, sin embargo, fuerte imagen del propio ser, del «yo», se infiltra en todo lo que pensamos, sentimos y hacemos. Según Lao Tse, si de alguna manera consiguiésemos expandir nuestra limitada autoimagen para vivir desde nuestra totalidad, entonces muchos de nuestros problemas desaparecerían por sí solos:

> ¿Qué significa decir que el mayor problema
> es el fuerte sentido del ser individual que
> las personas acarrean en toda circunstancia?
> Los individuos están acosados por grandes
> dificultades porque definen su vida
> de forma limitada.
> Si dejan de lado su limitado sentido del ser
> y viven en plenitud, ya nada les parecerá
> un problema[5].

Ver y liberarnos de nuestro «limitado sentido del ser» es comenzar a abrirnos a las tremendas fuerzas y energías sanadoras que crean y mantienen nuestra vida; es experimentar personalmente cómo se unen las sustancias alquímicas de la materia y las mágicas ideas de la mente en la transformadora y unificada danza del yin y el yang —la dinámica polaridad de los opuestos a partir de los cuales se origina la vida. También significa experimentar aquí y ahora el regreso al expansivo vacío original y al silencio de «wu chi», la totalidad que todo lo incluye, y es la fuente tanto de nuestro ser como de nuestro bienestar. Sin duda alguna, nuestra respiración puede ayudarnos y ser nuestra guía en este importante viaje interior.

---

[5] Lao Tse, *The Complete Works of Lao Tzu*, traducido al inglés por Ni, Hua-Ching (Santa Mónica, California: Seven Star Communications, 1989), p. 14.

1
LA MECÁNICA
DE LA RESPIRACIÓN

El proceso de la respiración,
si conseguimos comprenderlo
en relación con toda la vida,
nos enseña a liberarnos
de lo viejo
y a abrirnos a lo nuevo.

*E*L PROCESO DE LA RESPIRACIÓN es una metáfora viva que nos permite comprender nuestro limitado sentido del propio ser y entrar en contacto con las energías sanadoras que se hallan tanto dentro de nosotros como a nuestro alrededor. Cada vez que inhalamos absorbemos 10^{22} átomos, incluyendo aproximadamente un millón de los mismos átomos de aire inhalados por Lao Tse, Buda, Cristo, y todos los demás seres que han vivido sobre la Tierra. Cada vez que exhalamos, devolvemos esos átomos a la atmósfera para que se renueven, tanto para las generaciones actuales como para las futuras. Con cada inhalación absorbemos oxígeno expelido por las plantas terrestres hacia la atmósfera como «producto de desecho»; y con cada exhalación emitimos dióxido de carbono hacia la atmósfera como «producto de desecho», donde eventualmente puede ser absorbido por esas mismas plantas. En la naturaleza nada se desperdicia. Nuestra respiración es un eslabón de la ecología cósmica —en la conservación, transformación e intercambio de sustancias dentro del complejo metabolismo de la naturaleza— y además conecta nuestro mundo interior con la vasta escala del mundo exterior (la tierra y su atmósfera y toda la vida orgánica) a través de la perceptible alternación yin y yang, positivo y negativo, vaciar y llenar. El proceso de la respiración, si conseguimos comprenderlo en relación con toda la vida, nos enseña a deshacernos de lo viejo y abrirnos a lo nuevo; nos demuestra cómo experimentar quién y qué somos realmente. Y, sobre todas las cosas, nos guía hacia la totalidad y el bienestar.

UN POCO DE HISTORIA PERSONAL

En mi caso, la respiración adquirió un significado especial, histórico, mucho antes de que entendiera por qué. De niño me fascinaba contener la respiración. Recostado en la cama, solía retener el aire en los pulmones durante dos minutos, hasta que sentía la necesidad imperiosa de recibir aire nuevamente. En mis primeros años de adulto, desde el momento en que comencé a usar traje, me di cuenta de que la sensación de tener el cuello de la camisa o la corbata muy ajustados realmente me atormentaba. Sólo con el paso de algunos años más, cuando tenía aproximadamente treinta, mi madre me contó que yo había nacido «de nalgas», y que los médicos habían supuesto que nacería muerto, estrangulado por el cordón umbilical, que se ceñía con fuerza alrededor de mi cuello. Sin embargo, sí fui capaz de respirar, de inhalar el precioso néctar que llamamos aire.

No obstante, en la actualidad me resulta obvio que mi lucha de treinta horas por alcanzar la luz y respirar por vez primera dejó profundas huellas en mi cuerpo y sistema nervioso, que fueron la base de algunos miedos e inseguridades básicos que siempre han moldeado mi comportamiento de adulto. También es evidente que mi creencia tan arraigada de que sólo podría encontrar significado y felicidad en la vida gracias a la persistencia y la lucha —una forma de comportamiento que me resultó muy útil al nacer, durante la infancia e incluso en la adolescencia— se convirtió en un obstáculo para mi salud y crecimiento psicológico con el paso de los años. Todo esto me resulta mucho más claro ahora que mi respiración está comenzando a dejar de restringir mi conciencia sensorial y emocional, expandiéndose hacia la totalidad de mí mismo.

LA NECESIDAD DE CLARIDAD Y CONCIENCIA

¿Cuál es la relación entre nuestra respiración, la experiencia que tenemos de nosotros mismos y la salud y el bienestar reales? ¿Cuál es la relación entre nuestra respiración y nuestra búsqueda de autoconocimiento y crecimiento interior? Para comenzar a responder a estas preguntas, apuntando a que tengan un impacto duradero y beneficioso sobre nuestra vida, no basta con ir a un retiro de fin de semana, hacer una «intensiva» de respiración, o simplemente comenzar a practicar los ejercicios que encontramos en una revista o un libro. Debido a la íntima relación mente-cuerpo (las numerosas formas, sutiles pero poderosas, en que influyen uno sobre el otro), cualquier trabajo eficaz y duradero que emprendamos con nuestra respiración requiere *un claro conocimiento mental* de la mecánica de la respiración natural y su relación con nuestros músculos, emociones y pensamientos, puesto que la claridad de esta imagen en nuestra mente nos ayudará a tomar más conciencia de nuestros patrones individuales de respiración. Y, sólo si somos conscientes de ellos, comenzaremos a sentir y percibir las diversas fuerzas psicofísicas que actúan sobre nuestra respiración tanto desde el pasado como desde el presente. Así, a través de la observación de estas fuerzas en nuestro propio cuerpo, comenzaremos a notar que usamos la respiración para «amortiguarnos» de ciertas experiencias o recuerdos físicos y psicológicos demasiado difíciles o dolorosos. Por último, gracias al proceso completo —la integración de la claridad mental con la conciencia sensorial y emocional— poco a poco experimentaremos el extraordinario poder de la «respiración natural» y su capacidad para fomentar el proceso de sanación y totalidad en nuestra vida.

LA ANATOMÍA DE LA RESPIRACIÓN

Para la mayoría de nosotros, el ciclo de inhalación y exhalación tiene lugar aproximadamente de doce a catorce veces por minuto en situación de reposo y en horas de vigilia, y de seis a ocho veces por minuto cuando dormimos. Un bebé duplica este promedio. Pero nuestro ritmo respiratorio puede cambiar radicalmente en relación con lo que estamos haciendo o experimentando: bajo una extrema actividad física o estrés, por ejemplo, podemos llegar hasta las cien inhalaciones y exhalaciones por minuto. Aquellos que han trabajado seriamente con la respiración, en estado de reposo pueden llegar a un promedio de cuatro a ocho por minuto, puesto que absorben más oxígeno y expelen más dióxido de carbono en cada inhalación y exhalación.

La cavidad torácica y los pulmones

El proceso respiratorio tiene lugar principalmente en la cavidad torácica, cuya parte superior y ambos lados se encuentran encerrados por las costillas (que se inclinan hacia abajo y adelante) y los músculos intercostales, mientras que la parte inferior limita con la partición muscular del diafragma (fig. 1). Dentro de esta cavidad se encuentran el corazón y los pulmones. Con forma similar a la de las pirámides, los pulmones se dividen en tres lóbulos en su lado derecho y en dos en el izquierdo, formados por un esponjoso laberinto de sacos que, si se extendiesen, cubrirían un área de aproximadamente 160.000 metros cuadrados. Los pulmones están recubiertos por la pleura (una membrana de dos capas que reviste la parte interna de las costillas), y se apoyan en el diafragma. Se trata de órganos extremadamente elásticos que tienen la libertad de moverse en cualquier dirección, excepto donde están unidos por conductos y arterias a la tráquea y al corazón.

A pesar de que los pulmones tienen una capacidad total de aire de alrededor de 5.000 mililitros, la respiración media es de sólo 500 aproximadamente. Aun cuando podamos aprender —como veremos más adelante— a exhalar mucho más aire de lo que normalmente hacemos, por más profundamente que exhalemos, los pulmones siempre mantienen una reserva de alrededor de 1.000 ml de aire para evitar deshincharse por

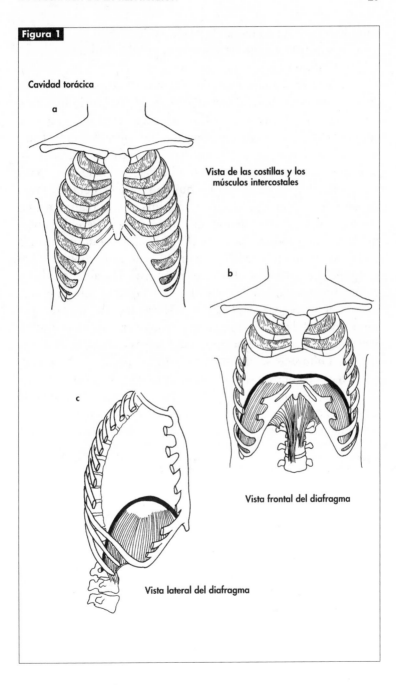

Figura 1

Cavidad torácica

a

Vista de las costillas y los
músculos intercostales

b

Vista frontal del diafragma

c

Vista lateral del diafragma

completo. Sin duda alguna, la mayoría de nosotros utilizamos un pequeño porcentaje de nuestra capacidad pulmonar, y no es difícil comprobarlo.

Rara vez prestamos atención al proceso respiratorio en el curso de nuestras actividades diarias, pero cuando lo hacemos podemos percibir que la cavidad torácica se expande y contrae como un fuelle. Durante la inhalación, los músculos intercostales se expanden y elevan las costillas, el esternón asciende ligeramente, y el diafragma se aplana. El espacio expandido crea un vacío parcial que «succiona» los pulmones hacia fuera, hacia las paredes del pecho, y hacia abajo, en dirección al diafragma; en consecuencia, su volumen aumenta cuando el aire entra automáticamente desde el exterior (fig. 2). El aire que inhalamos está compuesto por alrededor de un 20 % de oxígeno y un 0,3 % de dióxido de carbono; el resto es nitrógeno. Durante la exhalación, los músculos de las costillas se relajan, el esternón desciende, el diafragma se relaja y se desplaza hacia arriba (recuperando la totalidad de la curvatura que lo asemeja a una cúpula), y el aire viejo se expele hacia arriba a través de la tráquea mientras los pulmones se alejan de las paredes pectorales y se contraen hasta recuperar su tamaño original (fig. 3). El aire exhalado está compuesto por un 16 % de oxígeno y un 4 % de dióxido de carbono, y está saturado con vapor de agua producido por la actividad metabólica.

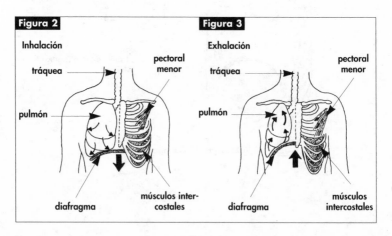

El desplazamiento del aire a través del sistema respiratorio

Cuando el aire entra en la nariz, partículas de polvo y suciedad se filtran entre los pelos que bordean las fosas nasales. A medida que el aire circula por los conductos de la nariz, se calienta y humidifica gracias a la acción de las membranas mucosas del tabique, que divide la nariz en dos cavidades. Si se acumulan demasiadas partículas en las membranas nasales, automáticamente generamos moco para atraparlas, o bien estornudamos para expelerlas. En general, el aire no se mueve a través de los conductos nasales exactamente al mismo tiempo, sino que, cuando la fosa nasal izquierda está más abierta, la derecha suele estar más congestionada, y viceversa.

Esto sucede porque el flujo sanguíneo circula hacia adelante y hacia atrás entre las fosas nasales a un ritmo de aproximadamente una hora y media o dos[1].

Después de atravesar la nariz, el aire pasa a la faringe, la cavidad que se encuentra en la parte posterior de la boca; allí esta última se conecta con la nariz, y el plexo faríngeo coordina los actos de tragar y respirar (bajo el control del tallo cerebral inferior). Aquí el aire pasa a través del tejido linfoide de las adenoides y las amígdalas, que se encuentran en la parte posterior de la nariz y la garganta, donde se eliminan las bacterias y los virus. A continuación pasa a la laringe para que las cuerdas voca-

---

[1] El ritmo «ultradiano», largamente analizado por la ciencia médica, está relacionado con el funcionamiento de los hemisferios cerebrales y puede desempeñar un importante papel en el proceso de curación. Cuando la fosa nasal izquierda está más abierta, en general el hemisferio cerebral derecho es más dominante; cuando sucede lo contrario, es el hemisferio izquierdo el que domina. Si así lo deseamos, podemos abrir intencionalmente una determinada fosa nasal que esté congestionada para hacer que el hemisferio contrario entre en actividad: todo consiste en recostarnos de lado, de modo que la fosa en cuestión quede hacia arriba, y respirar constantemente por la nariz. Si te sientes indispuesto o te duele la cabeza, hacer este «experimento» durante quince o veinte minutos suele resultar beneficioso, pues alivia el malestar.

les produzcan sonido, y luego sigue hacia abajo, atravesando el tubo muscular llamado tráquea, que se divide en dos bronquios que a su vez llegan a los pulmones (fig. 4). La tráquea y los bronquios están bordeados de células que segregan moco para atrapar los agentes contaminantes y las bacterias.

Mientras el aire circula a través de los bronquios, diminutas fibras similares a pelos —llamadas cilias— conducen el moco y cualquier desecho remanente fuera de los pulmones y hacia arriba, en dirección a la tráquea, pasando a continuación a la laringe y finalmente al esófago. Cuando en los bronquios se acumulan demasiadas partículas, químicos o formaciones mucosas, desencadenan un espasmo de tos —una poderosa contracción muscular y constricción bronquial que puede tener una fuerza superior a la de un tornado— para expeler dicho material tóxico.

LAS FASES DE LA RESPIRACIÓN

Dependiendo de cuánto nos exija la actividad que estamos haciendo en un determinado momento (recostados, sentados, andando, corriendo, etc.) y de nuestro estado psicológico específico (tranquilidad, enfado, estrés, felicidad), nuestra respiración puede oscilar entre un ritmo lento o muy acelerado, o bien ser superficial o profunda, y enfatizar una o más de las tres fases fundamentales del proceso respiratorio, que reciben el nombre de *diafragmática, torácica* y *clavicular*. En la respiración profunda, por ejemplo —a la que se conoce generalmente como «respiración profunda yogui»—, tienen lugar las tres fases. Según el doctor Alan Hymes, cirujano cardiovascular y de tórax, pionero en el campo de la investigación de la respiración, esta forma de respirar «se inicia gracias a una contracción diafragmática que deriva en una ligera expansión de las costillas inferiores, y una protrusión de la parte superior del abdomen, gracias a lo cual se oxigena la parte inferior de los pulmones. A continuación, las porciones medias de estos órganos se expanden con un movimiento del pecho hacia fuera

Figura 4

El paso del aire
hacia los pulmones

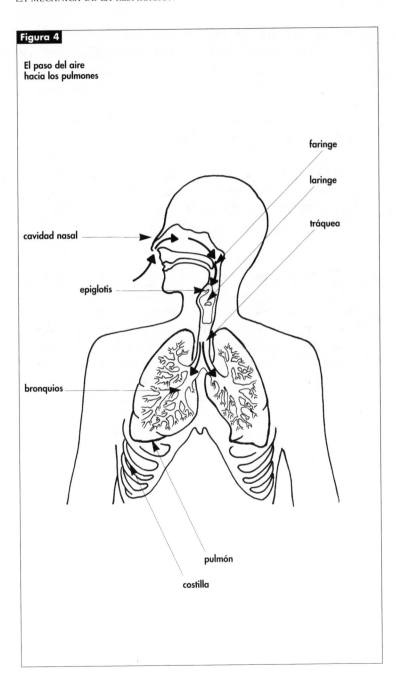

faringe

laringe

tráquea

cavidad nasal

epiglotis

bronquios

pulmón

costilla

(en la fase torácica), mientras continúa la inhalación. Al final de esta acción entra aún más aire gracias a la ligera elevación de las clavículas, y así se expanden los extremos superiores de los pulmones. En esta secuencia, cada fase de la inhalación actúa sobre un área específica de los pulmones»[2]. Como veremos, al margen del estado en que nos encontremos, la mayoría de nosotros dependemos principalmente de la respiración torácica y clavicular, y tenemos muy poca experiencia en cuanto a la respiración diafragmática. Así, rara vez hacemos llegar aire a las secciones más profundas de nuestros pulmones, donde la mayor parte de nuestra sangre espera ser oxigenada.

LA RESPIRACIÓN INTERNA

Cualquiera que sea la forma externa que adopte nuestra respiración, tenemos que ser conscientes de que también se lleva a cabo un proceso interno que tiene lugar en las células, que inhalan oxígeno del continuo flujo de hemoglobina que circula por el organismo, y exhalan dióxido de carbono allí mismo. Es en estas células, y en particular en el mitocondrio, donde el oxígeno inhalado contribuye a transformar los alimentos en energía biológica. Esta transformación tiene lugar cuando el oxígeno se combina con el carbono (de los alimentos) en una especie de «fuego» que se consume lentamente. La energía liberada a partir de la interacción oxígeno-carbono se transfiere a las moléculas que almacenan energía, llamadas ATP (adenosín trifosfato), que la distribuyen a todas las células del cuerpo. Los desechos, como el dióxido de carbono, vuelven a la sangre venosa, pasan por los pulmones y finalmente regresan a la atmósfera.

---

[2] Swami Rama, Rudolph Ballentine y Alan Hymes, *Science of Breath: A Practical Guide* (Honesdale, Pa.: Himalayan Institute, 1979), p. 41.

El centro de la respiración

El proceso respiratorio y su relación con la producción de energía en nuestro organismo es tan fundamental para nuestra supervivencia que la naturaleza nos ha concedido un mínimo control sobre él. En consecuencia, nuestra respiración es casi completamente involuntaria, y en general está controlada por el centro de la respiración del sistema nervioso autónomo, en especial el núcleo vago de la médula oblonga, que es el tejido nervioso que cubre la parte inferior del cuarto ventrículo cerebral (fig. 5). El centro de la respiración, situado cerca del occipucio (donde la columna se une al cráneo), transmite impulsos a los nervios de la médula espinal que hacen que el diafragma y los músculos intercostales comiencen el proceso de inhalación. Las ramificaciones del nervio vago que provienen de este centro perciben la expansión de los pulmones durante la inhalación y entonces, automáticamente, inhiben esta acción para que tenga lugar la exhalación. El sistema respiratorio está conectado a la mayoría de los nervios sensoriales del cuerpo; por ello cualquier estimulación repentina o crónica proveniente de cualquiera de los sentidos puede tener un efecto inmediato sobre la fuerza o la velocidad de nuestra respiración, o puede incluso detenerla por completo.

La visión de algo bello, por ejemplo, puede dejarnos «sin aire» momentáneamente, mientras que el dolor, la tensión o el estrés en general aceleran la respiración y la tornan más superficial. Dentro de ciertos límites, por supuesto que podemos contener la respiración, prolongar o reducir las inhalaciones y exhalaciones, respirar más profundamente, etc. Cuando lo hacemos, los impulsos nerviosos generados en la corteza cerebral como resultado de nuestra intención pasan por alto el centro de la respiración e imitan el accionar del control muscular voluntario.

Equilibrio ácido/alcalino

El centro de la respiración hace su trabajo basándose en el equilibrio ácido/alcalino de la sangre; y las células del núcleo de la

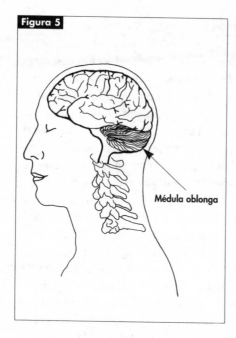

Figura 5

Médula oblonga

médula son sensibles a este equilibrio. Desde el punto de vista de nuestra salud, la sangre debe ser siempre ligeramente alcalina (pH 7,4), puesto que incluso pequeñas desviaciones de este estado pueden resultar peligrosas. Cuando la actividad química del cuerpo aumenta debido al esfuerzo físico, el estrés emocional, la estimulación sensorial, etc., se produce más dióxido de carbono y otros ácidos, y así aumenta la acidez de la sangre. Para contrarrestar este incremento y mantener la homeóstasis, el centro de la respiración incrementa automáticamente el ritmo respiratorio, lo que permite absorber el oxígeno necesario y expeler el exceso de dióxido de carbono. Cuando la actividad química del organismo disminuye gracias a la relajación o el reposo, se produce menos dióxido de carbono y nuestra respiración automáticamente se vuelve más lenta[3].

A pesar de que no podemos alterar completamente la química básica del proceso respiratorio, sí podemos influir sobre él de varias formas «indirectas». Una de ellas es a través de la relajación de la tensión excesiva en nuestras posturas, movimientos y acciones. La tensión, que supone una contracción

---

[3] Resulta interesante observar que ciertas enfermedades como la diabetes pueden incrementar la acidez de la sangre sin aumentar el dióxido de carbono. Como el centro de la respiración es incapaz de diferenciar la causa de este incremento en la acidez, automáticamente aumenta el ritmo de la respiración.

muscular, produce tanto ácido láctico como dióxido de carbono. Al reducir la tensión crónica entonces disminuimos la cantidad de estos productos de desecho, así como el trabajo que el cuerpo necesita hacer para contrarrestarlos. La relajación de la tensión crónica también hace posible una mejor coordinación de los diferentes mecanismos que tienen lugar durante la respiración. Es gracias a la armoniosa coordinación de estos mecanismos como podemos absorber oxígeno y expeler dióxido de carbono con el menor gasto posible de los recursos con que cuenta nuestro organismo.

LOS MÚSCULOS DE LA RESPIRACIÓN

Una respiración sana supone una interacción armoniosa no sólo entre los músculos de las costillas, el abdomen y el diafragma, sino también entre varios otros músculos del cuerpo, entre los que se encuentran los extensores de la espalda, que nos mantienen en posición vertical en relación con la gravedad, y los músculos psoas, que conectan las vértebras de las áreas torácica inferior y lumbar con la pelvis y los huesos de los muslos, y participan en la flexión tanto de la cadera como de la espina dorsal (fig. 6). Una tensión innecesaria en los músculos de los hombros, el pecho, el vientre, la espalda o la pelvis —ya sea causada por emociones negativas, estrés físico o psicológico, traumas, heridas,

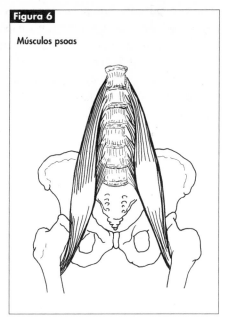

Figura 6

Músculos psoas

o una postura defectuosa— incrementa el nivel de dióxido de
carbono en nuestra sangre e interfiere en la coordinación respiratoria. Además, estimula en exceso nuestros nervios sensoriales, un hecho que, como veremos más adelante, ejerce una influencia poco saludable sobre nuestro funcionamiento general.

El diafragma: el «músculo espiritual»

De todos los músculos respiratorios, el más importante desde
el punto de vista de nuestra salud general es el diafragma. A
pesar de que pocos de nosotros lo utilizamos eficazmente, en
él se basa la respiración sana. Con su forma de cúpula, el diafragma funciona como piso de la cavidad torácica y techo de
la cavidad abdominal (fig. 7). Varias estructuras importantes
—que pueden verse afectadas por él— lo atraviesan, como el
esófago, que lleva alimento al estómago; la aorta, que transporta sangre desde el corazón hasta las arterias de las extremidades y todos los órganos excepto los pulmones; la vena cava,
vena central que transporta sangre venosa de varias partes del
cuerpo de regreso al corazón; y varios nervios incluido el nervio vago, que desciende de la médula oblonga y se ramifica
hacia los distintos órganos internos.

Si bien la respiración puede continuar aunque el diafragma
deje de funcionar, es la contracción rítmica y la relajación de
este músculo la que anima nuestra respiración y desempeña un
importante papel en la conservación de la salud física y psicológica. Cuando inhalamos, el diafragma normalmente se contrae,
y así la parte superior de la «cúpula» se desplaza hacia abajo en
dirección a los músculos abdominales, mientras los diferentes
músculos pectorales expanden la caja torácica ligeramente hacia fuera y hacia arriba. Este movimiento, similar al de una
bomba, crea un vacío parcial que, como sabemos, conduce el
aire hasta los pulmones. Cuando inhalamos de forma completa,
el diafragma puede duplicar o incluso triplicar su capacidad de
movimiento y masajear —directamente en algunos casos e indi-
rectamente en otros— el estómago, el hígado, el páncreas, los

intestinos y los riñones, promoviendo el movimiento intestinal, el flujo de sangre y linfa, y la absorción de nutrientes.

Incluso el más mínimo incremento en el movimiento del diafragma hacia abajo, no sólo resulta beneficioso para nuestros órganos internos, sino que además produce un gran crecimiento del volumen de aire en los pulmones. Por cada milímetro adicional que se extienda el diafragma, el volumen de aire dentro de nuestros pulmones crece entre 250 y 300 ml. Una investigación llevada a cabo en China continental demuestra que los principiantes que trabajan con la respiración profunda pueden aprender a aumentar el movimiento descendente de sus diafragmas en un promedio de 4 mm en un período de seis a doce meses. En consecuencia, son capaces de incrementar el volumen de aire en sus pulmones en más de 1.000 ml en aproximadamente un año[4].

En una inhalación máxima, los músculos abdominales se contraen naturalmente para compensar el movimiento descendente del diafragma y ayudar a limitar una mayor expansión de los pulmones. Cuando comienza la exhalación el diafragma se relaja hacia arriba, y su elasticidad ayuda a expeler de los pulmones el aire ya utilizado. Cuando exhalamos de forma completa, el diafragma se proyecta firmemente contra el corazón y los pulmones, dando vida y sustento a estos órganos. Para el maestro taoísta Mantak Chia, el diafragma es nada menos que un *músculo espiritual*. «Al elevar el corazón y avivar los fuegos de la digestión y el metabolismo, el músculo del diafragma desempeña un papel muy poco difundido en la conservación de nuestra salud, vitalidad y bienestar»[5].

---

[4] Incluso aquellas personas que sufren graves problemas pulmonares pueden obtener rápidos beneficios al trabajar con su respiración. En varios experimentos llevados a cabo en el Hospital de Tuberculosis Número 2 de Shanghai, veintisiete personas con enfisema pulmonar consiguieron incrementar el movimiento medio de sus diafragmas, pasando de 2,8 cm al comienzo del tratamiento a 4,9 cm tras un año de práctica: un aumento de más del 57%. Los resultados han sido publicados en *300 Questions on Qigong Exercises* (Guangzhou, China: Guandong Science and Technology Press, 1994), p. 257.

[5] Ensayo privado de Mantak Chia.

Influencias restrictivas sobre el diafragma

Por desgracia, muy pocos de nosotros logramos experimentar todo el beneficio que es posible obtener a partir de este «músculo espiritual», básicamente por dos motivos. En primer lugar, el movimiento del diafragma recibe la influencia adversa del sistema nervioso simpático como resultado del estrés crónico, el miedo y la negatividad en la vida (me referiré al sistema nervioso simpático con mucho más detalle en el próximo capítulo). En segundo lugar, la tensión innecesaria en nuestros músculos, tendones y ligamentos ejerce una influencia negativa, y deriva en una configuración defectuosa de la estructura esquelética.

Para comprender este segundo punto conviene saber ciertas cosas acerca de cómo y dónde se une realmente el diafragma a la estructura del esqueleto. A pesar de que la mayoría de los músculos del cuerpo están unidos a dos huesos diferentes —uno fijo llamado «de origen» y otro que se mueve como resultado de la contracción muscular, llamado «de inserción»—, el diafragma lo hace de otro modo: se encuentra unido «fijo» a las costillas inferiores (a su parte interna) y también a la espina lumbar, cerca de los músculos psoas, pero no se «inserta» en ningún hueso. En realidad se inserta en su propio tendón central, situado

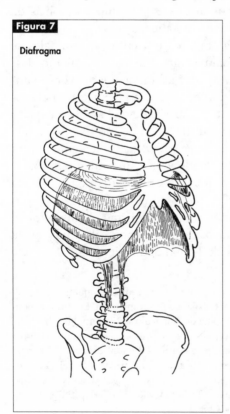

Figura 7

Diafragma

exactamente bajo el co-
razón (fig. 8). El diafragma recibe entonces la in-
fluencia del estado de
salud y la movilidad de
la espina dorsal y la pelvis, así como de sus
músculos asociados, que
a su vez reciben la in-
fluencia no sólo de nues-
tras posturas habituales,
sino de nuestras emocio-
nes y actitudes.

Uno de los efectos más
adversos sobre el movi-
miento diafragmático es
la tensión innecesaria con
la que muchos de noso-
tros cargamos nuestros
músculos abdominales y

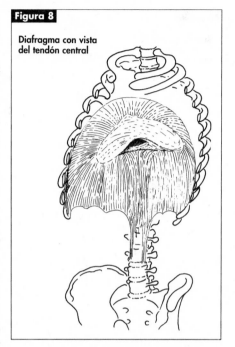

Figura 8
Diafragma con vista
del tendón central

órganos internos. Muchas de estas tensiones son producto del estrés crónico, las emociones reprimidas y una excesiva negatividad,
pero también pueden deberse a la habitual imagen de un vientre firme y plano que solemos encontrar en las revistas de
moda o en los centros de preparación física. Cuando el vientre
se encuentra demasiado contraído opone resistencia al movimiento descendente del diafragma; y cuando esto ocurre, el
tendón central de este músculo adopta la caja torácica y la espina dorsal como punto de fijación, y la contracción diafragmática durante la inhalación provoca una excesiva elevación
de las costillas.

Cómo compensar el mal funcionamiento del diafragma

Para intentar compensar el menor espacio con que cuentan
los pulmones como consecuencia de la contracción del vien-

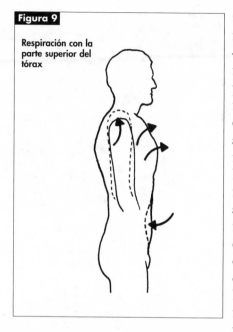

Figura 9

Respiración con la parte superior del tórax

tre y el mal funcionamiento del diafragma —en especial en momentos de estrés físico o psicológico, cuando se requiere más energía—, debemos respirar más aprisa (lo que puede derivar en una hiperventilación y la aparición del reflejo de «acción y reacción»), o bien tenemos que expandir la caja torácica y elevar las clavículas. No obstante, como tanto una como las otras son relativamente rígidas, esta expansión «extra» supone un mayor esfuerzo muscular y consumo de energía, y acaba con una menor absorción de oxígeno en cada respiración.

Si alguien nos pidiese que respirásemos profundamente, la mayoría de nosotros haría un gran esfuerzo por encoger el vientre, expandir la parte superior del pecho y elevar los hombros —una graciosa caricatura de la «respiración torácica»—, que es la forma en que respiramos casi siempre (fig. 9).

Sin embargo, este esfuerzo acaba en una respiración superficial, no profunda. Como veremos con más claridad en los próximos capítulos, una inhalación profunda supone la expansión del abdomen hacia fuera, lo que ayuda al diafragma a moverse hacia abajo, y permite que la parte inferior de los pulmones se expanda más. A pesar de que es cierto que al elevar los hombros se reduce el peso sobre las costillas y los pulmones pueden expandirse más en su parte superior, el volumen potencial de dicha área es mucho menor que el que ostenta en su parte inferior. Expandir la porción superior del pecho y elevar los hombros puede ser una medida de emergencia eficaz para absorber más aire cuando tenemos poca elasticidad en el diafragma, la caja torácica y el vientre, o bien para aquellos que sufren de asma o enfisema, pero en la mayoría de nosotros no hará otra cosa que arraigar aún más nuestros malos hábitos respiratorios y socavar nuestra salud y vitalidad.

LOS EFECTOS PERJUDICIALES DE LOS MALOS HÁBITOS RESPIRATORIOS

La respiración basada en dichos hábitos —en los que el diafragma es incapaz de extenderse en su máxima capacidad, o no puede activar y sustentar el movimiento rítmico de los músculos, órganos y tejidos abdominales— tiene muchos efectos perjudiciales sobre el organismo. Por ejemplo, reduce la eficacia de nuestros pulmones y en consecuencia la cantidad de oxígeno del que pueden disponer nuestras células; nos conduce a respirar de dos a cuatro veces más de lo que sería necesario con la respiración abdominal natural, y ello produce un aumento en el consumo de energía debido al aumento del ritmo respiratorio y cardíaco; retarda el flujo de la sangre venosa, que transporta residuos metabólicos desde las células hasta los riñones y los pulmones, donde pueden ser excretados antes de dañar el organismo (es importante tomar conciencia de que el 70% de los residuos del organismo se eliminan a través de los pulmones, mientras que el resto se elimina por intermedio de la orina, las heces y la piel); retarda el funcionamiento del sistema linfático, cuyo trabajo consiste en atrapar y destruir los virus y bacterias invasores, y por consiguiente permite que éstos cuenten con más tiempo para causar una enfermedad; también reduce la cantidad de jugos digestivos, incluida la enzima pepsina, que actúa en el proceso de la digestión, y retarda el proceso de peristalsis en el intestino grueso y delgado: por este motivo, las toxinas se acumulan y descomponen en el sistema de órganos que llevan a cabo la digestión. En resumen, esta clase de respiración debilita y resta armonía al funcionamiento de casi todos los sistemas más importantes del cuerpo y nos hace más susceptibles a las enfermedades crónicas y agudas, así como a toda clase de «malestares», como infecciones, constipados, dolencias respiratorias, problemas digestivos, úlceras, depresiones, desórdenes sexuales, fatiga, dolores de cabeza, mala circulación sanguínea, envejecimiento prematuro, etc. Muchos investigadores incluso creen que nuestros malos hábitos respiratorios también contribuyen a la aparición de enfermedades que ponen en peligro la vida humana, como el cáncer y las afecciones cardíacas.

Sin embargo, gracias a los ejercicios suaves y naturales que se plantean en este libro, podemos comenzar a descubrir el poder de la respiración natural para contrarrestar estos hábitos y fomentar la buena salud, la vitalidad y el bienestar al que todos tenemos derecho.

EJERCICIO

El primer paso para trabajar con la respiración es tener en claro los mecanismos reales, las «leyes» fisiológicas, de la respiración natural. Esta claridad mental te ayudará a experimentar el proceso respiratorio de forma más directa y precisa. El siguiente paso es aumentar tu conciencia acerca de tus propios patrones respiratorios. Para practicar el primer ejercicio, relee este capítulo y mientras lo haces visualiza y siente en ti los distintos mecanismos descritos. No intentes cambiar nada; sólo comprueba qué puedes aprender acerca de tu propio proceso respiratorio. En el próximo capítulo tendrás la oportunidad de profundizar más en el proceso de autopercepción y su relación con tu respiración y tu salud.

2

LA RESPIRACIÓN, LAS EMOCIONES Y EL ARTE DE LA AUTOPERCEPCIÓN

*... el trabajo con la respiración
comienza con el hecho de percibir
la atmósfera interna de nuestro organismo:
la actitud emocional básica
que adoptamos frente a nosotros mismos
y el mundo.*

$\mathscr{L}$A INTEGRACIÓN DE LA RESPIRACIÓN natural en nuestra vida comienza con el aprendizaje de cómo percibirnos de forma más completa y precisa: cómo ocupar conscientemente nuestros cuerpos. Es mediante la conciencia corporal consciente, la total percepción de nosotros mismos, como podemos despertar a niveles superiores de inteligencia orgánica, la «sabiduría» del cuerpo. A pesar de que todos contamos con el potencial para percibir nuestros cuerpos en su totalidad, la imagen sensorial que tenemos de nosotros mismos es generalmente fragmentaria y llena de distorsiones. Es más: el cuerpo que creemos conocer tan bien es en gran parte «histórico», es decir, un cuerpo modelado por el pasado, por el resultado de las respuestas físicas y emocionales ya olvidadas que dimos ante situaciones planteadas en los primeros momentos de nuestra vida. Además, por supuesto, está modelado por el presente, y en especial por nuestra falta de conciencia sensorial.

EL TRABAJO DE LA CONCIENCIA SENSORIAL

El término «conciencia sensorial» adquirió popularidad en los Estados Unidos a finales de la década de los sesenta, principalmente a través del trabajo de Charlotte Selver (que había dirigido talleres en los Estados Unidos desde 1938) y Charles Brooks, dos pioneros en el campo del movimiento potencial humano[1]. Su trabajo se centró en gran parte en el descubrimiento, a través de las sensaciones, de aquello que resulta natural en nuestro funcionamiento y aquello que está condicionado; lo que nos abre a la realidad del momento presente y lo que nos cierra. Se trata, naturalmente, de cuestiones que resultan cruciales para nuestra salud, bienestar y crecimiento interior, al igual que lo son las respuestas que podamos experimentar en nuestras propias vidas individuales. Enriquecido por los experimentos psicofísicos del Instituto Esalen de Big Sur, California, y la asimilación de varias tradiciones espirituales asiáticas en los Estados Unidos entre los años sesenta y setenta —en especial el budismo zen, el budismo tibetano y el taoísmo—, el trabajo de la conciencia sensorial sacó a la luz un nuevo modo, más fundamental, de relacionarnos con nosotros mismos y nuestras energías.

A pesar de que el trabajo de la conciencia sensorial comienza por nuestros sentidos internos y externos, finalmente los supera y llega al verdadero significado de la conciencia. Cualquier persona que afronte seriamente este trabajo, de inmediato descubrirá dos hechos notables. Primero, que solemos vivir en estado de «amnesia somática», una condición en la que olvidamos casi por completo la rica e informativa percepción de nuestro cuerpo. La conciencia que tenemos de nuestros propios cuerpos no sólo está llena de grandes «espacios vacíos», sino que suele ser completamente errónea, como señalan los terapeutas físicos, los profesionales del trabajo corporal y otros especialistas. En segundo lugar, esta amnesia somática está estrechamente ligada a nuestra «amnesia emocional», la frecuente incapacidad para sentir las emociones y actitudes que en realidad están motivando nuestro comportamiento. Los vacíos en la percepción general de nuestro cuerpo no sólo son vacíos en nuestra conciencia corporal, sino que también representan brechas en nuestra conciencia mental y emocional.

---

[1] Véase, por ejemplo, Charles Brooks, *Consciencia sensorial* (Libros de la Liebre de Marzo, Barcelona, 1996).

Como resultado de nuestra falta de «conciencia integral» —la que abarca la totalidad de nuestro ser—, hemos perdido el contacto no sólo con la gracia en la acción, que es nuestro derecho de nacimiento, sino también con la extraordinaria capacidad con que cuenta el organismo humano para percibirse desde su interior y aprender nuevas y mejores formas de funcionar a través de esta percepción. Incluso muchos de los que nos preocupamos por la buena condición física y que practicamos artes marciales tenemos poco contacto consciente con nuestro cuerpo, y nos acercamos a él no mediante la conciencia orgánica, cada vez más profunda, sino a través de la memoria, la voluntad, la coacción y la repetición. La frase «sin sufrir no se consigue nada» es un ejemplo extremo de este punto de vista.

EL MUNDO EN EL CUERPO

Desde el punto de vista taoísta y de la medicina china, esta falta de conciencia integral es perjudicial para la salud. Además, no nos permite disfrutar de la visión, la perspectiva, que necesitamos para evolucionar psicológica o espiritualmente. Para los taoístas, la frase «así arriba como abajo» es una de las verdades fundamentales de la vida. El cuerpo (incluido el cerebro) es un microcosmos del universo y actúa según las mismas leyes. El cuerpo está «en el mundo» y el mundo se encuentra «en el cuerpo», en especial el *cuerpo consciente*. Para aquellas personas que pueden ser sensitivas, que son capaces de aprender a percibirse de forma imparcial, el rico paisaje del mundo exterior —ríos, lagos, océanos, mareas, campos, montañas, desiertos, cuevas, bosques, etc.— tiene su complemento directo en el mundo interior del organismo. Las cualidades energéticas y materiales del mundo exterior —representadas en el taoísmo por los «cinco elementos»: fuego, tierra, metal, agua y madera— se manifiestan en el cuerpo como una red de órganos primarios: el corazón, el bazo, los pulmones, los riñones y el hígado. Y los movimientos atmosféricos de la materia y la energía que llamamos «clima» —viento, lluvia, tormenta, calor, frío, humedad, sequedad, etc.— tienen sus obvios complementos en la atmósfera interna de nuestras emociones. Del mismo modo, el metabolismo cósmico del mundo exterior —la conservación, transformación y uso de las energías de la tierra, la atmósfera, el sol, la luna y las estrellas— tiene un igual en el metabolismo de nuestro mundo interior, en el movimiento y la transformación de los alimentos, el aire y la energía. Comenzar a percibir la interrelación y los ritmos de las diversas funciones de nuestro cuerpo —de la piel, los músculos, los huesos, los órganos, los tejidos, los nervios, los fluidos, las hormonas, las emociones y los pensamientos— es experimentar las energías y las leyes de la vida misma. Como afirma Lao Tse: «Sin salir de su casa, él conoce todo el mundo. Sin mirar por la ventana, él ve los caminos del cielo».

Estemos de acuerdo o no con esta visión del organismo como un microcosmos del universo, el trabajo de autopercepción rápidamente nos demostrará que los ritmos de la respiración —la inhalación y la exhalación— se hallan en el centro mismo de nuestra vida física, emocional y espiritual. Veremos que a través de la experiencia sensorial de estos ritmos podemos despertar nuestra sensibilidad y conciencia interior, para comenzar a abrirnos a nuestros poderes sanadores: el poder creativo de la naturaleza. Pero para que ello ocurra, nuestra respiración debe cambiar: de «normal» debe pasar a ser «natural»; es preciso que se libere de las motivaciones y restricciones inconscientes de nuestra autoimagen.

REEDUCACIÓN DE LA PERCEPCIÓN Y TOTALIDAD

Nuestros deficientes patrones respiratorios se han desarrollado con el paso de muchos años y están íntimamente ligados a la imagen que tenemos de nosotros mismos, a nuestros patrones personales de ilusión, abstinencia y falta de memoria. Como resultado, corregirlos no es sólo una cuestión de aplicar las técnicas adecuadas; ni tampoco consiste en ir a un terapeuta físico u otro especialista para aprender mecánicas de respiración apropiadas, del mismo modo que iríamos a ver a un mecánico para que reparase un carburador o un silenciador que funcionan mal. En realidad, se trata de una cuestión de *reeducación de la percepción*, de aprender a experimentarnos a nosotros mismos de un modo completamente nuevo, y desde una perspectiva desconocida.

Desde el punto de vista etimológico, el verbo *sanar* está relacionado con el verbo *totalizar* *, sin embargo, para lograr dicha totalidad primero es necesario, como dice Gurdjieff, *saber que no he alcanzado la totalidad*: debo percibir mi propio malestar, ver realmente mi falta de equilibrio y afrontarla al igual que mi fragmentación, mis ilusiones, mis contradicciones y mi incompleta percepción de mí mismo. En consecuencia, la autosanación comienza con la conciencia y la aceptación de «lo que es», de la realidad de mi estructura psicosomática —el modo en que mis pensamientos, emociones y sensaciones interactúan con mi química, fisiología y psicología. La conciencia de «lo que es», sin embargo, no es algo que pueda surgir por la fuerza; depende de que dentro de mí descubra una dimensión de paz y claridad interior: una lente clara, desprovista de color, a través de la cual puedo observarme sin juzgar, criticar ni analizar. La claridad interior, que Gurdjieff denomina «presencia», es una condición previa y el resultado del trabajo sobre la percepción y la respiración.

LA IMPORTANCIA DE «SEGUIR» LA RESPIRACIÓN

Uno de los primeros pasos de este trabajo (un paso que bajo ninguna circunstancia debe pasarse por alto) es aprender a «seguir», a percibir, los movimientos de nuestra respiración sin interferir con ellos ni intentar cambiarlos de modo alguno. Este trabajo —que muchas disciplinas y terapias han dejado de lado— proporciona una sólida base de percepción interior,

---

* En inglés, *to heal* y *make whole*. (*N. de la T.*)

fundamental para sentir los diferentes mecanismos involucrados en la respiración, así como para observar las fuerzas físicas, emocionales y mentales que actúan sobre ellos. Como ha señalado Ilse Middendorf, una de las grandes pioneras de la terapia respiratoria, al percibir el proceso de nuestra respiración descubrimos una «vía» a nuestra vida inconsciente, y desatamos una expansión consciente sobre la totalidad de nuestro ser[2].

Según mi propia experiencia, esta expansión de la conciencia, esta «bienvenida» consciente a todo lo que somos, es la base del profundo sosiego interior y la relajación: es una liberación orgánica de la opresión que ejerce nuestra autoimagen, y del exceso de estrés, tensión y negatividad de nuestra vida interior y exterior. Esta bienvenida es la base de la totalidad, de la salud verdadera.

ESCUCHAR AL CUERPO

El hecho de aprender a observar los mecanismos de la respiración, así como las distintas fuerzas físicas, emocionales y mentales que actúan sobre ellos, depende en gran medida de que aprendamos a percibirnos a nosotros mismos, a expandir nuestra atención hasta el punto de incluir las impresiones sensoriales que constantemente surgen en nuestro organismo. A pesar de que a veces sucede espontáneamente, escuchar a nuestro cuerpo en medio de la acción es bastante raro. Para ello debemos aprender a prestar atención en dos direcciones al mismo tiempo: hacia fuera, hacia las circunstancias y acciones de nuestra vida exterior, y hacia dentro, hacia los pensamientos, emociones y sensaciones de nuestra vida interior. Porque sólo cuando podamos tomar conciencia de nuestros mundos interior y exterior *al mismo tiempo* conseguiremos dejar atrás las creencias de nuestra autoimagen y experimentar las verdaderas fuerzas que trabajan en nosotros.

---

[2] Ilse Middendorf, *The Perceptible Breath: A Breathing Science* (Paderborn, Germany: Junfermann-Verlag, 1990).

Aprender a «escuchar» el continuo fluir de información que nos suministra nuestro cuerpo no es fácil. Supone que no vivamos en nuestros sueños e imaginación, sino en la realidad del presente. Como señala el psicoanalista Rollo May: «En nuestra sociedad, escuchar al cuerpo supone un considerable esfuerzo, que se basa en la "apertura" a todas las señales que puedan provenir de nuestro organismo». May se enfrentó a la necesidad de escuchar a su propio cuerpo cuando, en la década de los cuarenta, descubrió que tenía tuberculosis. En aquella época, «la única cura era el reposo en cama y el ejercicio cuidadosamente graduado. (...) Descubrí que escuchar a mi propio cuerpo era crucial para curarme. Cuando conseguía percibirlo, "oír" que estaba fatigado y necesitaba descansar más, o bien notar que tenía suficiente fuerza como para aumentar los ejercicios que realizaba, mejoraba. Y cuando tomaba conciencia de que mi cuerpo estaba bloqueado (...) empeoraba» [3].

PERCIBIRSE A UNO MISMO: EL COMIENZO DEL AUTOCONOCIMIENTO Y LA AUTOTRANSFORMACIÓN

Percibirnos a nosotros mismos nos permite establecer una relación genuina con nuestro ser y las verdaderas necesidades que tenemos, ya que nos revela cómo estamos respondiendo en verdad a las circunstancias internas y externas de nuestra vida. También tiene un impacto directo sobre nuestro sistema nervioso, y contribuye a originar los cambios necesarios para un desarrollo y funcionamiento armoniosos. Para comprender cómo tienen lugar estos cambios, es importante caer en la cuenta de que el cerebro humano está formado por alrededor de cien billones de neuronas, cada una de las cuales se conecta con aproximadamente otras diez mil. Su principal función es conectar porciones distantes del organismo entre sí, para que éste pueda funcionar como un todo integral a la hora de

---

[3] Rollo May, *Love and Will* (Nueva York, Dell Publishing Company, 1974), p. 237.

llevar adelante estas acciones. La mayoría de las neuronas están relacionadas, de manera directa o indirecta, a alguna clase de movimiento, que a su vez depende de la información, el *feedback* sensorial, que proviene tanto del interior como del exterior del organismo. Desde el punto de vista de la ciencia, entonces la función más importante del cerebro es la correlación de nuestras acciones con los datos sensoriales de los que dependen.

Cuando comencemos a percibir nuestro cuerpo de forma más completa, experimentaremos directamente que la correlación entre nuestras acciones y nuestros sentidos entra en casi todos los aspectos de la vida. Por ejemplo, veremos que la corteza motora —la porción del cerebro que controla nuestro sistema muscular voluntario y en consecuencia participa en todos los movimientos intencionales que hacemos— depende de la corteza sensorial para suministrar un *feedback* permanente para sus operaciones. La corteza sensorial obtiene su información no sólo de los sentidos externos, como la vista, el olfato, el oído y el tacto, sino también de nuestros diferentes sentidos internos. Nuestras sensaciones cinestésicas, por ejemplo, provienen de receptores que se encuentran en los músculos, tendones, articulaciones y ligamentos, así como nuestras sensaciones orgánicas provienen de los diferentes receptores nerviosos de nuestros órganos, tejidos y piel. Sólo cuando la corteza motora tiene la información más completa y precisa que le pueda proporcionar la corteza cerebral, es capaz de ejecutar nuestras intenciones del modo más eficiente, equilibrado y sano posible. Percibirse a uno mismo contribuye a suministrar dicha información.

La autopercepción nos permite conocer las sutiles y siempre cambiantes necesidades de nuestro cuerpo, así como comenzar a descubrir el impacto de nuestras emociones sobre nuestra respiración y, en consecuencia, sobre nuestra salud y bienestar. Al «escuchar» la sensación de nuestro cuerpo, en especial la respiración, y no sólo en circunstancias relajadas sino en situaciones difíciles de nuestra vida, experimentamos la conexión entre partes de nosotros que, en términos generales, escapan a nuestra atención. Al percibir la forma en que nuestra respiración se modifica cuando las circunstancias cambian, y al notar las actitudes, tensiones, posturas y emociones que surgen en esas mismas condiciones, comenzamos a conocer en detalle la íntima relación que existe entre nuestra respiración y nuestra percepción general de nosotros mismos. Este nuevo y directo conocimiento «en acción» proporciona a nuestro cerebro y sistema nervioso la información y la perspectiva que necesitan para ayudarnos a deshacernos de nuestros patrones psicosomáticos de acción y reacción. La autopercepción contribuye a crear nuevas conexiones entre las neuronas del cerebro y el sistema nervioso, conexiones que a su vez facilitan el incremento de nuestra conciencia general y de una mayor sensibilidad y flexibilidad en nuestra percepción y comportamiento.

LAS TRES CLASES DE RESPIRACIÓN

Cuando comencemos con este trabajo de autopercepción, es posible que distingamos tres clases de respiración en nuestra vida. En primer lugar, la más frecuente: la *respiración equilibrada*, que más o menos equilibra la inhalación y la exhalación, el yang y el yin, el sistema nervioso simpático y el parasimpático. Esta respiración, ya sea superficial o profunda, refleja el equilibrio de nuestra vida, automático y casi completamente inconsciente. En segundo lugar se encuentra la *respiración depuradora*, que enfatiza más la exhalación que la inhalación. Esta forma de respirar, que no es otra cosa que una exhalación prolongada, a veces surge espontáneamente en forma de suspiro o quejido cuando nos encontramos física o emocionalmente sobrecargados de toxinas o tensiones, y nos ayuda a relajarnos y deshacernos de estas toxinas, en especial de dióxido de carbono. Y en tercer lugar aparece la *respiración energizante*, que enfatiza más la inhalación que la exhalación. Esta respiración en ocasiones aparece espontáneamente en forma de bostezo cuando estamos cansados o aburridos; se trata de una inhalación profunda y prolongada que nos proporciona más oxígeno y, en consecuencia, más energía, además de motivarnos a entrar en acción.

LA CALIDAD DE NUESTRA RESPIRACIÓN

La calidad de nuestra inhalación y exhalación es sumamente reveladora de nuestra postura frente a la vida. Por ejemplo, podemos observar en qué medida la duración y «facilidad» de nuestra inhalación refleja nuestra disposición y capacidad para abrazar la vida en ese momento, y de qué forma la duración de la exhalación y la forma en que la llevamos a cabo reflejan nuestra disposición y capacidad de liberarnos, de confiar en algo que no sean los atavíos de nuestra autoimagen. Podemos notar que en una situación de miedo u otras fuertes emociones negativas restringimos la respiración contrayendo varias partes del cuerpo con el fin de reducir la energía con la que contamos para sentir; y, por el contrario, durante las emociones más placenteras aumentamos la fluidez y duración de la respiración para absorber más energía y en consecuencia sentir más.

Hiperventilación y ansiedad

Al percibir la calidad de nuestra respiración, muchos de nosotros también notamos que, incluso en estado de reposo, respiramos más aprisa que la «media» de doce a catorce veces por minuto (una frecuencia superior a la realmente necesaria). De hecho, muchos de nosotros, sin saberlo, solemos caer en la hiperventilación: respiramos de forma rápida y superficial con la porción superior del pecho y, como resultado, hacemos que el nivel de dióxido de carbono en la sangre sea menor. En consecuencia, las arterias —incluyendo la carótida, que va al cerebro— se contraen y esto es causa de un menor flujo de sangre en el cuerpo. Cuando esto sucede, por más oxígeno que absorbamos a través de los pulmones, nuestro cerebro y el organismo en general notarán que les falta oxígeno y entonces se «disparará» el sistema nervioso simpático —el reflejo de «acción y reacción»—, que nos pone tensos, ansiosos e irritables. Además, reduce nuestra capacidad para pensar con claridad, y tiende a dejarnos a merced de pensamientos e imágenes obsesivos. Algunos investigadores creen que la hiperventilación puede incluso magnificar nuestros problemas y conflictos psicológicos, y que la hiperventilación crónica está íntimamente ligada a nuestras ansiedades, aprensiones y miedos[4].

La topografía emocional de nuestra respiración

A medida que crezca nuestra capacidad para percibirnos, comenzaremos a recibir muchas impresiones precisas acerca de la relación entre nuestras emociones y la respiración, así como de su impacto sobre nuestra percepción general de nosotros mismos. Por ejemplo, podremos notar que la ira está directamente relacionada con las inhalaciones superficiales, las exhalaciones fuertes y la tensión en todo el cuerpo, en especial la nuca, la mandíbula, el pecho y las manos. Comprobaremos también que el miedo está asociado a las respiraciones aceleradas, superficiales e irregulares, y a una sensación de tener un nudo en la parte inferior del abdomen. La pena o la congoja tienen que ver con la respiración superficial, espasmódica, como de sollozos, y una sensación de vacío en el estómago. La impaciencia se refleja en las respiraciones cortas, desiguales e incoordinadas, con tensión en la parte frontal del pecho, como si el corazón estuviese dando brincos. La culpa o el juicio a uno mismo se perciben en la respiración restringida y sofocada, y a una sensación general de opresión. Y asimismo veremos que el aburrimiento está asociado a la respiración superficial y «apagada», y a una pobre percepción de nosotros

---

[4] Véase, por ejemplo, Royce Flippin, «Slow Down, You Breathe Too Fast», *American Health: Fitness of Body and Mind*, vol. 11, n.º 5 (junio 1992).

mismos. Los sentimientos como el amor, la compasión, la bondad y la admiración tienen que ver con la respiración profunda y cómoda, y con una sensación abierta, energizada y receptiva en todo el cuerpo. Evidentemente, cada uno de nosotros descubrirá otras variantes en su propia topografía física y emocional.

«CADA ESTADO DE ÁNIMO ES UN ESTADO DIFERENTE DE NUESTRO SISTEMA INMUNOLÓGICO»

Estas observaciones resultan importantes desde el punto de vista del autoconocimiento, así como desde la perspectiva de nuestra salud y bienestar. A pesar de que muchas tradiciones y enseñanzas, además del taoísmo, hablan de la íntima relación que existe entre la mente y el cuerpo —la forma en que nuestros pensamientos, emociones y organismo influyen uno sobre otro—, sólo recientemente la ciencia occidental ha comenzado a descubrir la química subyacente de esta relación. En una conferencia a la que asistí en abril de 1995 en el Centro Médico Pacífico de California, sito en San Francisco, la doctora Candace Pert, pionera mundial en el área de la neurología, afirmó que la evidencia demuestra que «cada estado de ánimo es un estado diferente de nuestro sistema inmunológico». Hizo referencia entonces a las «moléculas mensajeras» llamadas neuropéptidos, que transportan información desde el cerebro hacia el cuerpo, y viceversa, para dirigir la energía en el organismo. Afirmó también que estos neuropéptidos, que incluyen otras sustancias llamadas endorfinas, son «correlativas a las emociones» y pueden ejercer una poderosa influencia sobre nuestra salud[5]. Cuando alguien preguntó a Pert cómo usaría ella misma este conocimiento si tuviese que ser sometida a una compleja intervención quirúrgica, respondió

---

[5] Para una explicación más extensa de los neuropéptidos, véase Candace Pert, «The Chemical Communicators», en Bill Moyers, *Healing and the Mind* (Nueva York: Doubleday, 1993), pp. 177-194.

que hablaría mucho con el cirujano para comprender la operación, para saber qué órganos se verían afectados, y cuáles serían los procedimientos a seguir. Sugirió además que el hecho de llegar a comprender la situación, combinado con una visualización del proceso de curación, podría contribuir a la liberación de los neuropéptidos necesarios para promover dicha curación.

El autoconocimiento puede mejorar nuestra salud

Tanto desde el punto de vista científico como taoísta, resulta evidente que el autoconocimiento, en un contexto adecuado, puede tener una poderosa y beneficiosa influencia sobre nuestro sistema inmunológico. Pero para adquirir este conocimiento y que nos resulte beneficioso, para comprender profundamente las diferentes fuerzas mentales, emocionales y físicas que actúan sobre nuestra salud y bienestar, debemos aprender a percibir nuestros cuerpos —los músculos, órganos, huesos, etc.— de forma más imparcial. Necesitamos aprender a tomar «instantáneas sensoriales» de nuestro funcionamiento orgánico. Entonces, cuando lo consigamos, vislumbraremos los distintos hábitos de nuestra estructura psicofísica, junto con los principios fisiológicos que confieren a esos hábitos el poder de influir sobre nuestra salud. Comenzaremos a ver los modos específicos en que respondemos mental y emocionalmente a las diversas formas de estrés que nos acechan en la vida, a las amenazas y exigencias que solemos percibir de forma inconsciente en relación con circunstancias nuevas o cambiantes. Y esto es muy importante, puesto que en la actualidad se cree que los trastornos relacionados con el estrés son la causa —directa o indirecta— de un 50 a un 80% de las enfermedades. Dichos trastornos incluyen los resfriados crónicos, la hipertensión, las dolencias cardíacas, la alta presión arterial, las úlceras, el síndrome de irritación intestinal, la depresión, la artritis, el insomnio, ciertos tipos de cáncer, y muchos más.

Una de las formas en que el estrés socava nuestra salud es a través de una mayor producción de la hormona cortisol, que a su vez suprime nuestro sistema inmunológico. Un estudio publicado a principios de los años noventa en *The New England Journal of Medicine* descubrió, por ejemplo, que los pacientes sanos a los que se les suministraron gotas nasales que contenían un virus resultaron susceptibles a él, en relación directa con el grado de estrés emocional que estaban experimentando en ese momento. Otros estudios han demostrado que el estrés —y el miedo y la ansiedad que suelen acompañarlo— pueden provocar enfermedades originadas en un fallo del sistema inmunológico, desde esclerosis múltiple y artritis reumatoide en adelante[6]. Sin embargo, al aprender a percibirnos con mayor claridad, comenzaremos a entender que no siempre el problema es el estrés —de hecho, una cierta cantidad puede resultar beneficiosa para la salud—, *sino las formas en que solemos responder a ese estrés*. Aquí es donde nuestras emociones desempeñan un papel importante.

LAS EMOCIONES Y EL SISTEMA NERVIOSO AUTÓNOMO

La autopercepción nos permitirá comenzar a experimentar la relación entre nuestras emociones y el llamado sistema nervioso autónomo, que controla los músculos lisos y las glándulas. Este sistema trabaja tanto para excitar como para inhibir ciertas acciones y secreciones internas y externas. Así, a medida que aprendamos a percibir los efectos fisiológicos del miedo, la ira y la ansiedad en nosotros, podremos comprender experimentalmente cómo se relacionan con la rama simpática del sistema nervioso autónomo, que alista el cuerpo para la «acción y reacción». El sistema simpático actúa en «simpatía» con nuestras emociones, en particular aquellas relacionadas con el miedo, el peligro y la excitación. Algunos signos que

---

[6] Véase, por ejemplo, Lawrence Steinman, «Autoimmune Disease», *Scientific American*, septiembre 1993 (edición especial sobre «Life, Death, and the Immune System»).

demuestran que este sistema ha comenzado a actuar es el sudor, la sequedad en la boca y otras formas de «excitación». Este sistema, que cuenta con neuronas localizadas principalmente en la región media de la espina dorsal, se comunica con el resto del cuerpo mediante la transmisión de impulsos desde el cerebro, a través de las cadenas de ganglios simpáticos que bordean ambos lados de la espina dorsal. Desde dichos ganglios, las fibras nerviosas transportan impulsos hacia los diferentes órganos internos, y estos impulsos nerviosos disminuyen el movimiento en los órganos digestivos, incrementan el ritmo cardíaco y la tensión arterial, constringen los vasos sanguíneos, dilatan (abren) las vías aéreas de los pulmones, liberan el azúcar que se almacena en el hígado, y llenan el cuerpo de adrenalina y norepinefrina provenientes de las glándulas suprarrenales, por lo que contamos con más sangre y energía para la acción.

Las emociones negativas nos ayudan a «sobrevivir»

A pesar de lo problemáticas que resultan en nuestra vida, está claro —al menos en ciertas ocasiones— que lo que llamamos «emociones negativas» desempeña un importante rol en nuestra «supervivencia». Muchas de nuestras emociones negativas son simplemente señales de que algo anda mal en nuestra vida o de que necesitamos llevar a cabo alguna acción para evitar un potencial problema. La ansiedad de un estudiante frente a un examen próximo, o la ansiedad de un ejecutivo respecto de un informe financiero que debe presentar al día siguiente, pueden tener un efecto beneficioso y estimular así una preparación adecuada, siempre y cuando dicha ansiedad no sea tan excesiva como para provocar miedo y falta de concentración. La ira de una mujer ante un hombre que abusa de ella física o psicológicamente la motiva a dejar la relación o bien a encontrar una más sana con otra persona, siempre y cuando su enfado no sea tan fuerte como para convertirla en un ser violento. El enfado de una madre ante una hija adolescente que pasa toda la noche fuera de casa puede ser el elemento necesario para que madre e hija intenten comunicarse de otro modo. Nuestras vidas están llena de ejemplos que muestran que las llamadas emociones negativas, siempre que no se vuelvan excesivas, pueden suministrar una importante información acerca de lo que está sucediendo en nuestra vida —datos que nos pueden ayudar a emprender acciones inteligentes en nombre de nosotros mismos o de otros.

Por desgracia, muchas de nuestras emociones negativas parecen alcanzar rápidamente un punto en el que no tienen solución aparente, y solemos ser incapaces de «aprender» nada de ellas ni de hacer nada al respecto. Esta clase de emociones nos dejan con el corazón agitado y los músculos contraídos; dificultan nuestra respiración, nos constipan, nos ponen tensos, etc.; y, con el paso del tiempo, estos síntomas se pueden volver crónicos y consumir las energías que nos hacen falta para sanar y crecer interiormente. Cuando esto sucede, la rama parasimpática del sistema nervioso autónomo, cuya finalidad es poner freno al sistema nervioso simpático, contará con poco poder —el suficiente para provocar sólo un alivio temporal— a menos que seamos capaces de aprender a prolongar conscientemente su duración.

Cómo aprender a activar el sistema nervioso parasimpático

Para aprender a activar el sistema nervioso parasimpático conviene saber ciertas cosas acerca de su organización. Las neuronas de este sistema residen principalmente en determinados nervios craneales —como el nervio vago— que provienen del tallo cerebral, y en la parte inferior y posterior de la espina dorsal. Los ganglios parasimpáticos no recorren la espina dorsal, sino que se encuentran próximos a los órganos sobre los que ejercen su influencia. Los impulsos provenientes de dichos ganglios reducen el ritmo cardíaco, dilatan los vasos arteriales, aumentan la peristalsis digestiva, y constriñen las vías aéreas de los pulmones, con lo que ayudan a que el cuerpo se «calme» y recupere.

¿Cómo podemos activar intencionalmente este sistema, nuestra respuesta de relajación, sin la ayuda externa de los psicólogos, los masajes terapéuticos, etc.? La clave es nuestra *atención*. Sabemos por experiencia que, cuando estamos tensos o estresados, nuestra atención —dirigida por el sistema nervioso simpático— automáticamente se centra en la supuesta causa de nuestra tensión, en los pensamientos y sentimientos compulsivos que surgen en relación a ella, o en los desagradables síntomas físicos que estamos experimentando. Como resultado, nuestra experiencia de nosotros mismos se vuelve tan limitada que ni siquiera podemos imaginar una alternativa. Para poder relajarnos en tales circunstancias es necesario que aprendamos a trabajar activamente con nuestra atención, a ampliarla hasta el punto de que incluya las partes de nosotros mismos que no han caído en «las garras» de la negatividad que estamos experimentando. Una de las formas más efectivas de lograrlo es a través de la autopercepción. Según Ernest Rossi, pionero en el campo de la interacción mente-cuerpo, «simplemente cierras los ojos y armonizas con las partes de tu cuerpo que se encuentran más a gusto. Cuando localizas ese bienestar, sencillamente disfrutas de él y dejas que se vuelva más profundo y se disperse por todo tu cuerpo por sí solo. El confort es más que una palabra o un estado de indolencia. Profundizar realmente en él significa activar el sistema parasimpático, la respuesta natural de relajación»[7]. Como veremos más adelante, la respiración natural desempeña un importante papel en dos acciones que debemos aprender: a «profundizar en el confort» y, en consecuencia, a emplear nuestra conciencia para armonizar las funciones agresivas y restaurativas de nuestro sistema nervioso[8]. Es más: como la

---

[7] Ernest Lawrence Rossi, *The Psychobiology of Mind-Body Healing* (Nueva York: Norton, 1988), pp. 173-174.

[8] Otra forma eficaz de activar el sistema nervioso parasimpático es a través de prácticas de conciencia y movimiento especiales, como el tai chi y el

respiración natural masajea nuestros órganos internos y relaja la parte inferior de la espalda, ejerce una beneficiosa influencia sobre los nervios y ganglios parasimpáticos de estas áreas. Desafortunadamente, la mayoría de nosotros somos poco «duchos» en percibirnos a nosotros mismos y tenemos poca conciencia de hasta qué punto nuestras percepciones y comportamiento se ven condicionados por emociones como el miedo, la ira y la ansiedad. Nos hemos acostumbrado tanto a los altos niveles de estrés y negatividad que nos impone la vida que los consideramos «normales», y no nos damos cuenta del alto precio que hacen pagar a nuestra salud y vitalidad. El ruido que provoca este estrés nos impide oír la sosegada y omnipresente inteligencia de nuestro cuerpo; y cuando somos incapaces de experimentar esta inteligencia interior, exacerbamos nuestra situación buscando un rápido alivio a través de cualquier clase de estimulación excesiva, como el alcohol, las drogas, el tabaco, la cafeína, la comida, el sexo, la televisión, etcétera. A veces, cuando vemos por un momento que nuestra situación no tiene ningún sentido, intentamos hacer frente al estrés de forma racional. Pero nuestras mentes por sí mismas tienen poco poder para «concebir» soluciones efectivas —en especial en una «sociedad de la información» que inunda nuestro consciente de imágenes y noticias negativas de todo el mundo. El resultado final es una acumulación de más y más tensión, una sensación de impotencia, y la eventual aparición de síntomas y dolencias crónicos, muchos de los cuales no son sólo el resultado del estrés que sufrimos, sino también del modo en que intentamos escapar de ellos.

---

chi kung. Entre otros beneficios, estas prácticas ayudan a aflojar la tensión innecesaria de la espalda, en especial de la espina dorsal, donde residen las principales neuronas del sistema nervioso central. Según mi experiencia, las personas que suelen sufrir dolor en la parte inferior de la espalda son las mismas que tienen dificultades para relajarse así como para admitir que necesitan relajarse. Cuando se llevan a cabo de modo correcto, el tai chi y el chi kung incrementan la relajación porque proporcionan más flexibilidad a la espina dorsal, y gracias a que estimulan la respiración profunda.

Hacer frente a los efectos del estrés
no es la solución

Al ser incapaces de imaginar soluciones efectivas para las distintas situaciones estresantes de nuestra vida, con el paso del tiempo hemos aprendido varias formas de «lidiar» con los efectos que ejercen sobre nosotros. Por ejemplo, algunos simplemente damos rienda suelta a nuestras emociones negativas, en especial la ira, sobre los demás, creyendo que eso nos hace bien. Sin embargo, algunos estudios recientes sugieren que desatar la ira nos enfurece aún más en lugar de aliviarnos y, en consecuencia, aumenta el riesgo para nuestra salud[9]. De hecho, esta acción no hace más que esparcir nuestra negatividad sobre los demás, aumentando así sus problemas.

La expresión de las emociones negativas, no obstante, quizá no sea tan generalizada como la búsqueda de sistemas para evitar experimentarlas. De niños, algunos de nosotros aprendimos a usar la fantasía y la represión para cerrarnos a las dolorosas experiencias de contradicción que sentíamos cuando nuestros padres no parecían aceptarnos tal como éramos, sino que exigían que «madurásemos» según *su* imagen. Y como adultos, muchos hemos aprendido a «tragar» nuestras emociones negativas y a refugiarnos en las que considerábamos más positivas. Hemos aprendido a suprimir nuestras emociones negativas para funcionar de un modo que nos parece razonable, basado en la imagen que tenemos de nosotros mismos; pero sabemos gracias a la ley científica de la conservación de la energía que la energía neuroquímica de estas emociones no se puede destruir: sólo es posible transformarla. Y también sabemos, si observamos con atención, que esta energía suele transformarse en energía cinética o mecánica, que actúa (sin que seamos conscientes de ello) sobre los nervios, tejidos, estructuras y movimientos de nuestro cuerpo.

---

[9] Para mayor información sobre el tema de la ira, véase David Sobel y Robert Ornstein, «Defusing Anger and Hostility», *Mental Medicine Update: The Mind/Body Newsletter*, vol. 4, núm. 3 (1995).

La represión o supresión de las emociones se manifiesta no sólo en nuestras posturas y movimientos, sino también en las tensiones arraigadas en lo más profundo de nuestros cuerpos, que consumen nuestra energía y socavan nuestra salud física y psicológica. Al aprender a percibir estas tensiones en nosotros mismos, finalmente nos enfrentaremos cara a cara a emociones casi totalmente inconscientes como la ira, la preocupación, el miedo, la ansiedad, etc. La meta no es deshacernos de las llamadas emociones negativas —lo que sería tanto imposible como poco recomendable—, sino en realidad encontrar el valor para experimentarlas completamente, para abrirlas a la luz transformadora de la conciencia imparcial. Desde el punto de vista taoísta, cuando tomamos absoluta conciencia de nuestras emociones negativas sin amplificarlas ni intentar defendernos de ellas, la energía neuroquímica que activan en nosotros puede transformarse en la energía pura de la vitalidad. Como dirían los taoístas, «las nubes, la lluvia y los relámpagos son tan necesarios para nuestro entorno como la luz del sol y la calma. Sin un equilibrio armonioso entre ambas clases de climatología, la naturaleza sería estéril». A través de nuestra respiración, y en especial gracias a la respiración natural, podremos comenzar a descubrir esta armonía dinámica en nosotros. Mediante la respiración natural profunda y plácida seremos capaces de comenzar a activar el sistema nervioso parasimpático y, en consecuencia, el proceso de sanación: el volver a estar «completos» una vez más.

LA IMPORTANCIA DEL «ESFUERZO SIN ESFUERZO»

Como hemos visto, el trabajo con la respiración comienza con la percepción de la *atmósfera interior* de nuestro organismo, la postura básica que asumimos ante nosotros mismos y el mundo. Sin embargo, cuando comencé a trabajar seriamente con mi respiración para establecer un contacto mucho más directo conmigo mismo, me di cuenta de inmediato de que la mayoría de mis «esfuerzos» se basaban en la fuerza, en la voluntad (y no en la habilidad y la sensibilidad), y que en lugar de trabajar *con* las leyes de la respiración natural, lo estaba haciendo *contra* ellas. En resumen, estaba utilizando mi sistema nervioso simpático para intentar activar mi sistema nervioso parasimpático. Cuanto más «intentaba» respirar naturalmente, más tensión se acumulaba en mí. Éste fue un descubrimiento importante, puesto que demostraba el modo fundamental en que malograba mis esfuerzos en casi todas las áreas de mi vida. Varios maestros me habían enseñado la importancia del «esfuerzo sin esfuerzo», la importancia de actuar no sólo *haciendo,* sino *siendo,* desde una profunda sensibilidad interior ante mi situación particular; pero sólo cuando comencé a trabajar en profundidad con la percepción interna de mi cuerpo, se inició el proceso que integraba mi comprensión de las razones fisiológicas y bioquímicas de esta perspectiva y su práctica real.

A medida que profundizaba en el significado de esfuerzo sin esfuerzo, empecé a entender —gracias a la autopercepción— que mis esfuerzos habituales, generalmente desencadenados por actitudes y emociones que no veía— generaban en mí una tensión muscular innecesaria que, además de malgastar mi energía, inundaba mi cuerpo con un exceso de adrenalina y desechos metabólicos. La tensión produce calor, y mis esfuerzos «elevaban mi temperatura», incrementando mis ritmos cardíaco y respiratorio. Y no sólo eso: esta tensión innecesaria mantenía en alerta mi sistema sensorial, que enviaba al cerebro señales de angustia. Cuanto más tenso estaba, más le costaba a mi cerebro intentar enfrentar esa tensión; y cuantas más dificultades tenía mi cerebro, más me costaba a mí centrarme en otras cuestiones importantes de mi vida.

A medida que aprendamos a autopercibirnos —en especial en relación con nuestra respiración— rápidamente veremos que la sensación de intenso esfuerzo en diversas áreas de nuestra vida suele indicar una relación «errónea», no sólo con lo que estamos haciendo sino *con nosotros mismos.* Pero no es errónea desde el punto de vista moral o ético; simplemente sucede que es contraproducente: va en contra de las leyes del funcionamiento armónico. El esfuerzo «equivocado» constriñe nuestra respiración, nos resta energía, y desemboca en acciones que no teníamos intención de llevar a cabo. Como ha señalado Moshe Feldenkrais, «la sensación de esfuerzo es la percepción subjetiva del movimiento inútil (...), de la ejecución de acciones que no son las que nos propusimos»[10]. Hoy en día no me cabe duda de que, cuando aprendemos a percibirnos a nosotros mismos de forma más completa e imparcial, dejamos salir la inteligencia interior de nuestra mente y nuestro cuerpo para aprender nuevos y mejores modos de cumplir con nuestros objetivos y fomentar la salud en nuestra vida.

«La ley del menor esfuerzo»

Para entender cómo es posible, es importante comprender que el cerebro aprende y ejecuta mejor cuando empleamos el menor esfuerzo posible en llevar a cabo una determinada tarea. Durante miles de años, los maestros taoístas han hecho gran hincapié en este principio a través de su consejo de emplear no más de un 60 o 70% de nuestra capacidad cuando llevemos a cabo prácticas físicas o espirituales. La ley psicofísica de Weber-Fechner demuestra una de las razones por las que esto es tan importante, ya que afirma que «los sentidos están organizados para notar las diferencias entre dos estímulos, y no la intensidad absoluta de *un* estímulo»[11]. Cuando ponemos mucho empeño en «hacer» algo, cuando empleamos una fuerza innecesaria para alcanzar nuestras metas, todo nuestro cuerpo suele acabar tenso; y esta tensión hace que el cerebro y el sistema nervioso tengan más dificultades para discernir las sutiles impresiones sensoriales que necesitamos para llevar a cabo lo que pretendemos del modo más creativo posible.

Sin embargo, la «ley del menor esfuerzo» no es un permiso

---

[10] Moshe Feldenkrais, *El poder del yo: la autotransformación a través de la espontaneidad* (Paidós, Barcelona, 1995).

[11] Peter Nathan, *The Nervous System* (Oxford: Oxford University Press, 1982), p. 48.

para la holgazanería. Nuestra salud, bienestar y crecimiento interior requieren de un equilibrio dinámico entre nuestra tensión y relajación, entre yang y yin, y dependen de la capacidad de discernir, gracias a nuestros sentidos internos y externos, qué es necesario y qué no en los esfuerzos y acciones que llevamos a cabo.

Para percibirnos claramente necesitamos ser capaces de experimentar una parte o dimensión de nosotros que se caracteriza por su sosiego y su bienestar, y además está libre de toda tensión innecesaria. La sensación de que desde este sector más relajado de nuestro ser provienen sutiles impresiones nos permite observar y luego eliminar la tensión innecesaria en otras partes de nosotros. En resumen, la acción efectiva necesita relajación. No obstante, esta relajación no debería ser un «colapso» de nuestro cuerpo, ni tampoco de nuestra conciencia; en realidad, se parece más a la «relajación alerta» de los gatos, y nos permite manifestar el grado apropiado de contracción —la tensión vigorizante que recibe el nombre de «tono»— en cualquier situación.

EL PODER DE LA LIBERTAD PERCEPTUAL

Existen muchas razones obvias para aprender a relajar la tensión innecesaria, pero un motivo que suele pasarse por alto es que dicha relajación libera al cerebro de la tarea de notar y responder a un espectro más amplio y sutil de datos e impresiones. Este aumento de «libertad perceptual» puede ser una de nuestras mayores contribuciones al fomento de la buena salud en nosotros mismos, ya que permite que el cerebro y otros sistemas corporales hagan máximo uso de su poder para discernir problemas y responder adecuadamente. Las hormonas, enzimas, endorfinas, células T y neuropéptidos que producen el cerebro y el cuerpo cambian radicalmente en relación con nuestra capacidad para percibir de un modo nuevo. Y ser capaz de hacerlo supone que nuestras energías no hayan quedado bloqueadas en viejos patrones, sino que tengan la libertad de responder a las necesidades y posibilidades reales del momento.

Existe una maravillosa historia taoísta que ilustra la importancia de la libertad perceptual. Un hombre caminaba con gran dificultad por una carretera polvorienta, cargando un largo palo sobre el hombro, de cuyo extremo colgaban la mayoría de sus posesiones. El cochero de un carro tirado por caballos lo vio y le ofreció llevarlo en la parte posterior, propuesta que el hombre aceptó agradecido. Pero mientras recorrían el camino, el cochero no dejaba de oír ruidos provenientes de la parte trasera. Cuando se dio la vuelta, notó que el hombre se tambaleaba: aún llevaba el palo sobre el hombro, y este golpeaba contra los lados del vehículo.

—¿Por qué no deja el palo y se relaja un poco? —sugirió el cochero.

—Es que no deseo agregar más peso a su carro, que ya está muy cargado —respondió sinceramente el hombre, haciendo un gran esfuerzo por mantener el equilibrio.

Cualquier persona que haya estudiado artes marciales, tai chi, danza, etc., sabe que el cuerpo es capaz de demostrar una notable inteligencia, sensibilidad y acción cuando logramos liberarnos de la tensión innecesaria. Cuenta la leyenda que un maestro de tai chi lograba estar tan relajado y era tan sensible a sus fuerzas internas y a las que le rodeaban, que todo su cuerpo vibraba ligeramente cuando una mosca se posaba sobre su hombro. Y una segunda leyenda habla de otro maestro, sobre cuya palma se había posado un pájaro; cada vez que el hombre percibía que este se tensaba para emprender el vuelo, sencillamente relajaba la mano y el pájaro se quedaba sin una base sólida desde la cual lanzarse a volar. A pesar de lo fantásticas que parecen estas historias, lo cierto es que la capacidad de ser internamente sensible en medio de la acción, de estar relajados y ser lo suficientemente libres como para experimentar las sutiles variaciones de nuestras sensaciones y sentimientos, constituye la base de nuestra salud y bienestar. Y mediante la respiración natural podemos comenzar a experimentar esta sensibilidad y libertad.

EJERCICIOS

Asegúrate de practicar en un espacio en el que no te interrumpan otras personas ni el teléfono. A pesar de que es preferible trabajar a primera hora de la mañana, puedes hacerlo en cualquier momento del día o por la noche, pero siempre teniendo en cuenta que sea una hora antes de cenar o de comer. Usa la menor cantidad de ropa y joyas posible, y asegúrate de que las prendas que lleves sean amplias, en especial alrededor de la cintura y la pelvis. No lleves a cabo estos ejercicios al aire libre si hace demasiado frío o mucho viento. Cuando los practiques, recuerda que es como un juego: no te preocupes por los resultados. A medida que tu respiración comience a alcanzar distintas partes de ti mismo, los resultados llegarán, en general, cuando menos los esperes.

Las prácticas de este libro se dividen en secciones, cada una de las cuales se basa en la anterior. Por ello, no pases a una nueva hasta que te sientas a gusto con el anterior.

1
POSICIÓN BÁSICA DE PIE

La siguiente posición básica de pie no sólo se usará en este ejercicio, sino en muchos más de los que figuran en este libro. No te preocupes si te resulta extraña al principio; a medida que trabajes con tu cuerpo, éste comenzará a comprender estas posturas a través de tu percepción interior, y descubrirás que te resultará más fácil relajarte así que en la posición que adoptas normalmente al permanecer de pie. Y es más: esta postura te ayudará a asentarte sobre la tierra y contar con una base sólida desde la cual experimentar.

Ponte de pie, con las rodillas ligeramente flexionadas y los pies en paralelo, separados aproximadamente a la altura de los hombros, y coloca los brazos a ambos lados (fig. 10). Inclina el sacro (el hueso triangular que forma la parte posterior de la pelvis) ligeramente hacia adelante, para que el coxis (el hueso caudal) apunte más o menos hacia el suelo y la parte posterior de la espalda esté recta (no arqueada). Mueve las rodillas ligeramente hacia fuera para que cubran los pies. A medida que lo hagas, sentirás que tanto el perineo (el área entre el ano y los órganos sexuales) como tu ingle estén abiertos. Deja que los hombros y el esternón se relajen hacia abajo, y simultáneamente siente que tu cabeza está siendo empujada hacia arriba desde la coronilla, estirando ligeramente la parte posterior de tu cuello.

2
ATENCIÓN ALERTA

Una vez que te encuentres a gusto en esta postura, percibe simultáneamente todas las partes de tu cuerpo que puedas. Luego deja que parte de tu atención se centre en los pies. Percibe los distintos puntos de tus pies sobre el suelo —los dedos, las yemas de los dedos grande y pequeño, el talón, y todo el borde externo de cada pie. A medida que sientas que se relajan, nota que el peso de tu cuerpo te empuja hacia la tierra y sobre ella te apoyas. Una vez que la sensación de «hundimiento» sea clara, balancéate hacia adelante y hacia atrás sobre los

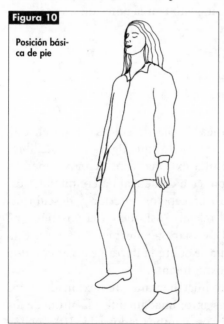

Figura 10

Posición básica de pie

pies, desde la punta hacia los talones. Nota que varios músculos de los pies, la piernas y la pelvis alternativamente se tensan y relajan a medida que cambia tu posición en relación con la fuerza de gravedad. Comprueba si puedes percibir cualquier cambio en tu espalda, pecho y cuello. Ahora cambia el peso de un lado al otro. Intenta sentir al mismo tiempo que una pierna se tensa miéntras la otra se relaja. Deja que tu atención absorba tantas sensaciones de estos sutiles movimientos como te sea posible.

Trabaja de esta forma al menos durante cinco minutos; luego manténte en pie relajadamente durante un minuto o dos y percibe cualquier cambio que haya tenido lugar en tu percepción completa de ti mismo.

3
POSICIÓN BÁSICA PARA SENTARSE

Ahora siéntate cómodamente sobre una silla o bien con las piernas cruzadas, sobre un cojín en el suelo; cierra los ojos y percíbete a ti mismo sentado allí. Asegúrate de que tu espalda esté relajada y recta, y de no estar apoyado contra nada. Asimismo asegúrate de que la silla o el cojín sobre el que te sientes permita que tus caderas queden a mayor altura que las rodillas. Balancéate hacia adelante y hacia atrás de forma muy lenta sobre los huesos sobre los que te apoyas hasta percibir una relativa sensación de tranquilidad y equilibrio. No te desplomes hacia atrás sobre el hueso caudal (coxis); se trata de un área llena de nervios y uno de los centros de energía claves del cuerpo. Por este motivo, desplomarse hacia atrás sobre esa zona tendrá un efecto contraproducente tanto sobre tu conciencia como sobre tu salud. Si tu espina dorsal comienza a tensarse en la parte superior cada vez que lleves a cabo este ejercicio, sólo balancéate suavemente sobre los huesos en que te sientas hasta relajarla.

4
PROFUNDIZA EN LA SENSACIÓN

Una vez que hayas encontrado una posición cómoda pero al mismo tiempo erecta, deja que tus pensamientos y sentimientos comiencen a sosegarse. Una forma muy efectiva de impulsar esta «relajación interior» es interesarse por la percepción completa de todo tu cuerpo. Comienza por permitir que las impresiones de tu peso y forma entren en tu conciencia. Realmente permítete sentir todo tu peso sobre la silla o el suelo. Una vez que la sensación sea clara, incluye una percepción completa de tu piel, o al menos toda la que te sea posible. Cuando consigas sentir el hormigueo, la vibración de tu piel, percibe tu forma general, la estructura externa de tu cuerpo, incluyendo todas las tensiones que presente. Percíbete a ti mismo sentado allí, dejando que tu conciencia cinestésica y orgánica sea cada vez más viva. A medida que aumenta tu sensibilidad interior, comenzarás a experimentar la percepción de ti mismo como una especie de sustancia o energía a través de la cual puedes comenzar a recibir impresiones directas de la atmósfera de tu vida interior.

5
INCLUYE TUS
PENSAMIENTOS Y SENTIMIENTOS

Con el paso del tiempo, a medida que tu percepción crezca más y más, comenzarás a observar tus pensamientos y sentimientos mientras comienzan a tomar forma, aunque antes de que absorban toda tu atención. Deja que «vengan y vayan» como deseen, pero no te ocupes de ellos, ni de analizarlos ni de juzgarlos. A medida que surjan y pasen, simplemente inclúyelos en tu conciencia como parte de la realidad del momento.

6
INCLUYE TU RESPIRACIÓN

Mientras continúas trabajando de este modo, y a medida que tu atención interior se haga más fuerte y estable, incluye la respiración en tu conciencia. Síguela. Siente cada movimiento o sensación asociado a ella. Permítete percibir realmente esos movimientos de inhalación y exhalación, así como sus limitaciones y restricciones en el contexto de toda la percepción de tu cuerpo. Nota cómo influye tu respiración sobre tu percepción de ti mismo. No intentes cambiar nada. Trabaja de este modo durante quince minutos o más. Si así lo deseas, puedes hacer este ejercicio por la mañana o por la noche durante una semana o dos, antes de seguir adelante.

DESPERTAR LA CONCIENCIA ORGÁNICA DE UNO MISMO

Como hemos señalado en el primer capítulo, nuestra respiración influye sobre todos nuestros órganos más importantes. Sin embargo, la mayoría de nosotros tiene poca conciencia de los órganos internos. Casi nadie conoce su ubicación exacta dentro del cuerpo, y los médicos no parecen demostrar mucho interés en enseñárnoslo. No fue hasta que tuve casi cincuenta años cuando aprendí la diferencia entre el intestino grueso y el delgado, y dónde están localizados. Si tú eres de esos lectores que no saben exactamente la ubicación de sus órganos, mira la figura 11 y estúdiala con cuidado; luego intenta percibir dónde se encuentran aproximadamente los órganos dentro de tu cuerpo.

A medida que asumas este trabajo de autoconciencia orgánica, es importante que reconozcas que, a pesar de que los órganos internos y los tejidos constan de una importante cantidad de nervios, las sensaciones en estas áreas no son tan fuertes

Figura 11

Órganos internos

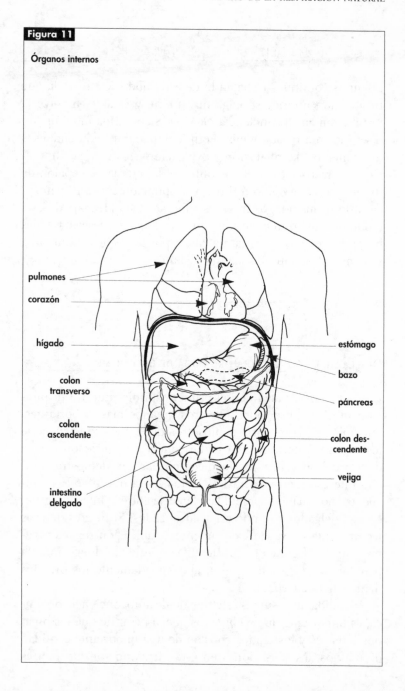

pulmones

corazón

hígado

colon transverso

colon ascendente

intestino delgado

estómago

bazo

páncreas

colon descendente

vejiga

como las que se producen más cerca de la superficie del cuerpo, en especial en la piel. El dolor en un determinado órgano, por ejemplo, suele ser «captado» por segmentos de nervios espinales que los transmiten a otros puntos, por lo que parece que el dolor proviene de un punto próximo a la piel.

Por ejemplo, a pesar de que es bien sabido que los problemas de corazón suelen primero percibirse en los brazos, los hombros y el cuello, no todos saben que el útero y el páncreas transmiten el dolor a la región lumbar, los riñones lo hacen hacia el área de la ingle y el diafragma hacia los hombros.

EJERCICIOS

1
VISUALIZA Y PERCIBE
TUS ÓRGANOS INTERNOS

Siéntate en la posición básica y visualiza y percibe la localización de cada uno de tus órganos internos. Mientras intentas notar su presencia, utiliza las manos para frotar o escudriñar alrededor de ellos, siempre que te sea posible. Comienza por los órganos que más fácilmente se perciben: el intestino delgado (en el área del ombligo), luego el hígado (en el lado derecho de la caja torácica) y el estómago, el páncreas y el bazo (todos más o menos en el lado izquierdo de la caja torácica). Luego siente el colon y el intestino grueso. (El colon se extiende desde el extremo del intestino delgado que se encuentra próximo al hueso derecho de la cadera hasta el lado derecho del abdomen, y luego tuerce hacia la zona del hígado, detrás de las costillas, en el lado derecho del tronco. A continuación cruza la parte frontal del cuerpo, en algún punto entre el esternón y el ombligo, vuelve a girar por detrás de las costillas sobre el lado izquierdo del tronco, para finalmente descender hacia la cadera izquierda. Cerca de este punto forma un ángulo hacia el centro del cuerpo y se dirige hacia el ano.) Ahora centra tu atención en el corazón (más o menos en el centro del pecho), los pulmones (a ambos lados del corazón), y los riñones (protegidos por las costillas inferiores, a ambos lados de la espalda). Cuando toques suavemente estas zonas con las manos, siente que los músculos y los tejidos que rodean estos órganos comienzan a relajarse. Percibe cada área durante, al menos, un par de minutos.

2
SIENTE LOS MOVIMIENTOS
EXTERNOS DE TU RESPIRACIÓN

A continuación, pon las manos sobre la parte inferior del pecho, haciendo que el borde inferior de cada una se ponga en contacto con la parte más baja de las costillas inferiores, y los extremos de los dedos medios se toquen sobre la parte inferior del esternón. Ésta es el área en donde la parte frontal del diafragma se une a las costillas. La porción central del diafragma en realidad es más alta: aproximadamente se encuentra a nivel de los pezones. Observa tu respiración. Mira si puedes percibir cómo se mueve el diafragma cuando inhalas y exhalas. No uses la fuerza; no intentes cambiar nada: simplemente observa y percibe.

A continuación pon las manos sobre el ombligo. ¿Puedes sentir algún movimiento en el vientre mientras inhalas y exhalas? Ahora coloca las manos sobre las costillas inferiores, en la parte frontal de tu cuerpo. ¿Qué movimientos percibes al inhalar? ¿Y al exhalar? Ahora coloca las manos sobre las costillas inferiores, a ambos lados del cuerpo. ¿Qué sucede cuando inhalas? ¿Y cuando exhalas? A continuación coloca las manos sobre cada lado de la parte inferior de la espalda, en la zona de los riñones (justo en el sector opuesto del ombligo, alrededor de la segunda o tercera vértebra lumbar). Una vez más comprueba si puedes percibir cualquier movimiento mientras inhalas y exhalas. Ahora coloca las manos en la parte superior de tu pecho; mira qué sucede cuando inhalas y exhalas. Asegúrate de tomar conciencia de cualquier tensión o restricción que notes en tu respiración. Concédete al menos dos o tres minutos en cada posición.

3
PROFUNDIZA EN LA SENSACIÓN

Ahora vuelve a llevar a cabo el mismo ejercicio, pero esta vez deja que tu atención profundice en tu percepción. A medida que sientas los movimientos de tu respiración, permítete experimentar la influencia que reciben tus órganos internos. Coloca las manos sobre la mitad del pecho, como hiciste antes. ¿Puedes percibir que el diafragma ejerce presión sobre algunos de tus órganos mientras inhalas? ¿Sobre cuáles? ¿Qué sucede cuando exhalas? Ahora coloca las manos sobre el ombligo. ¿Qué sucede en el área del intestino delgado cuando inhalas y exhalas? Coloca las manos sobre las costillas inferiores, en la parte frontal del cuerpo; percibe qué sucede en el área del hígado, a la derecha del estómago, y en el páncreas a la izquierda. Sigue de esta manera con la misma secuencia, tal como hiciste en el ejercicio anterior.

4
INCLUYE TUS EMOCIONES

Vuelve a hacer el ejercicio, pero esta vez incluye cualquier sensación de calidez, frío, sequedad o humedad dentro o alrededor de los órganos. Al mismo tiempo, nota cualquier emoción que pueda presentarse. Evita sumergirte en ellas, analizarlas o juzgarlas: sólo limítate a incluirlas en el espectro de tu percepción a medida que sigues sintiéndote a ti mismo. Es como si estuvieses tomando instantáneas internas de tu ser a través de los grandes angulares de tu percepción: tu conciencia orgánica de ti mismo.

Éste es un ejercicio básico, una actividad que puedes y debes practicar a diario. Con el paso del tiempo, una vez que tengas más habilidad en el tema de tomar instantáneas interiores de ti mismo en circunstancias de calma, quizás descubras que tomas estas instantáneas interiores espontáneamente, incluso cuando estás con otras personas. Pero ten paciencia: aprender a observar la relación entre tu respiración, tus tejidos, tus órganos y tus emociones a través de la percepción es un paso crucial, tanto para la sanación como para alcanzar la totalidad. No sólo te ayudará a tomar más conciencia de las actitudes inconscientes que crean estrés en tu vida, sino que también te ayudarán a comenzar a liberarte de ellas. La mayoría de los ejercicios a los que haremos referencia en futuros capítulos se basarán en esta práctica de la autoconciencia orgánica, y ampliarán las ideas planteadas en este capítulo.

3

LA VISIÓN TAOÍSTA
DE LA ENERGÍA
Y LA RESPIRACIÓN

*Para los taoístas, el cultivo consciente
de la respiración brinda la poderosa
posibilidad no sólo de extraer energías
del mundo exterior, sino también de regular
los canales energéticos de nuestra vida interior,
ayudando de esta forma a que nuestro
cuerpo, mente y emociones encuentren
un equilibrio armonioso.*

$\mathcal{M}$UCHAS CULTURAS TRADICIONALES consideran que la respiración es una manifestación directa del espíritu. Es la sutil energía del espíritu la que «nos da vida», y la recibimos respirándola u obteniéndola «desde arriba». Términos tales como *prana* (India), *pneuma* (Grecia), *lung* (Tíbet), *num* (pueblo Bush de Kalahari), *ruach* (hebreos), *neyatoneyah* (sioux de Lakota), *baraka* (Islam) y *chi* (China), son sólo algunos de los muchos nombres de esta fuerza de vida superior de la cual se dice que dependemos. Y es a través de nuestra auténtica respiración como podemos conectarnos conscientemente con esta fuerza vital.

A pesar de que la ciencia occidental rechaza cualquier idea relacionada con una energía de vida sutil que nos anima, cree, como muchas otras tradiciones, que vivimos en un universo de energía y transformaciones energéticas, y que dependemos de ellas para pensar, sentir, movernos, etc. Para el científico occidental, estas energías —que incluyen las de carácter mecánico, químico, eléctrico, radiante y nuclear— son definidas en relación con el «trabajo» que pueden llevar a cabo. Sin embargo, este trabajo debe medirse a través de las técnicas de la ciencia exacta, especialmente con instrumentos diseñados a ese propósito. Así, por definición, cualquier cosa que no pueda medirse de esta manera no existe. Naturalmente, otros investigadores, incluyendo algunos especializados en ciencias «menos rígidas» como la psicología y la psiquiatría, con el paso de los años han aseverado que existen energías sutiles con nombres tales como bioplasma, bioelectricidad, energía biocósmica, etc. Y en varias ocasiones ellos también han definido estas energías en relación con el trabajo que pueden llevar a cabo, en especial sobre nuestras mentes y cuerpos. Sin embargo, no les ha ido bien en una sociedad que apunta hacia el «matrimonio» entre la ciencia, la tecnología, el gobierno, el *establishment* médico y la industria farmacéutica. Uno de los más famosos investigadores de estas energías es Wilhelm Reich. Sobre la base de gran cantidad de evidencia experimental y verificación personal llevada a cabo por muchos individuos, Reich afirmaba que existe una poderosa energía de fuerza vital, que él denominó *energía orgónica*, y comenzó a enseñar a la gente cómo utilizarla para prevenir y luchar contra varias enfermedades que ponen en riesgo la vida, incluyendo el cáncer. Como consideraba que este trabajo era experimental, no cobraba a sus pacientes; pero a pesar de ello, el gobierno de los Estados Unidos se puso en su contra, y en mayo de 1956, en respuesta a su negativa a obedecer los requerimientos de la FDA, fue enviado a prisión, donde murió de un ataque al corazón en noviembre de 1957. Mientras estuvo en prisión la FDA allanó su instituto y quemó sus libros y otros escritos[1].

LA NOTABLE ENERGÍA DEL CHI

Sólo en la actualidad, tras el éxito documentado de ciertas formas de «medicina alternativa», incluyendo la meditación y las artes de sanación chinas como la acupuntura y el chi kung (que significa *cultivo de la energía*), algunos pioneros de mentalidad abierta de la medicina occidental han comenzado a aceptar la posibilidad de que efectivamente existan sutiles formas de energía como el chi (también denominado *qi*) que la ciencia occidental aún no ha aprendido a cuantificar. La serie de televisión PBS del año 1994, y el libro escrito por el periodista televisivo Bill Moyers, *Healing and the Mind* —que documentaba las últimas investigaciones rea-

---

[1] Véase James Wyckoff, *Wilhelm Reich: Life Force Explorer* (Greenwich, Conn.: Fawcett Publications, 1973).

lizadas por psicólogos, neurólogos e inmunólogos acerca de la mente y el cuerpo— dedica una sección al «misterio del chi». Moyers no llega a ninguna conclusión definitiva a partir de sus experiencias en los hospitales y en China, pero sí admite haber presenciado «cosas notables y asombrosas» [2]. Desde mucho antes del nacimiento de Cristo, los maestros taoístas y de chi kung han estado experimentando con esas cosas notables y asombrosas —con las sutiles energías y funciones del cuerpo y la psique. A través de sus propias prácticas personales con la respiración, la postura, el movimiento, la atención sensorial, la visualización, el sonido y la meditación, han descubierto cómo influir beneficiosamente sobre nuestro pensamiento y sentimiento, y también sobre los distintos sistemas internos del cuerpo, incluyendo las enzimas, las hormonas, las células de la sangre y otras energías y sustancias vitales en las que se basa. La efectividad de muchas de estas prácticas ha sido verificada en las dos últimas décadas gracias a científicos que han hecho investigaciones químicas y biofísicas en colaboración con respetables maestros de chi kung en algunas de las universidades y laboratorios más importantes de China, investigaciones que han demostrado una notable influencia del chi sobre todas las cosas: desde los cristales hasta el sistema inmunológico humano.

El chi y los iones negativos

Los maestros taoístas y de chi kung sostienen que, en principio, todos podemos aprender a usar el chi para mejorar nuestra salud y bienestar. Ellos creen, por ejemplo, que el proceso de respirar permite absorber el oxígeno necesario para que el cuerpo transforme los alimentos en energía química a través de la «llama» de la combustión interna, pero que también abre un acceso para las demás energías que animan nuestro ser, a las que sustenta. Desde el punto de vista taoísta actual,

---

[2] Véase el libro de Moyers llamado *Healing and the Mind*, particularmente la entrevista a David Eisenberg sobre el tema del chi (p. 255).

el descubrimiento que ha hecho la ciencia moderna de que la atmósfera terrestre está llena de cargas eléctricas llamadas *iones*, es altamente significativo. Algunos taoístas incluso han llegado más lejos, hasta el punto de identificar los iones negativos con el chi. Los iones son átomos o partes de moléculas cargados positiva o negativamente. Los iones negativos, que son diminutos conjuntos de energía eléctrica pura, se forman naturalmente por la interacción de la energía solar con nuestra atmósfera, así como por partículas cósmicas, relámpagos, tormentas, vientos, la evaporación y el movimiento del agua, y los bajos niveles de radiactividad provenientes de la tierra. Miles de estudios científicos han demostrado que los iones, en especial los de carga negativa —aquellos que llevan algún electrón extra— son extremadamente importantes para nuestra salud. Al hacer referencia a una investigación llevada a cabo en Francia en 1966, un especialista en el tema afirma que «en los pulmones la presencia de los iones negativos favorece el paso del oxígeno a través de las membranas de las células que contienen aire, por lo que este oxígeno es absorbido mucho mejor por la sangre. Al mismo tiempo, resulta más fácil eliminar el dióxido de carbono»[3]. Y según el doctor en Física Robert Ornstein y el doctor en Medicina David Sobel, «se ha demostrado que los iones negativos incrementan la serotonina cerebral, un neurotransmisor asociado a los estados ánimo más relajados»[4].

Otros estudios también han demostrado que los iones negativos constantemente disminuyen en número como resultado de la polución, el aire acondicionado, los edificios de hormigón, los campos eléctricos generados artificialmente, la deforestación, etc.[5] Por supuesto, estos estudios no sorprenden a los maestros taoístas, que prefieren llevar a cabo los ejercicios

[3] Andre van Lysebeth, *Pranayama* (Urano, Barcelona, 1985).

[4] Robert Ornstein y David Sobel, *The Healing Brain: Breakthrough Discoveries About How the Brain Keeps Us Healthy* (Nueva York: Simon and Schuster, 1987), p. 297.

[5] Para más información acerca de los iones, véase Fred Soyka con Alan Edmonds, *El efecto de los iones* (Edaf, Madrid).

relacionados con la salud y el crecimiento espiritual en un entorno natural —cerca de las montañas, los lagos, los ríos, los bosques, etc.—, donde abundan los iones negativos. La importancia de estos iones es cada vez más reconocida en la ciencia y la industria, y en la actualidad es muy común contar con generadores de iones para el hogar y la oficina, así como para los automóviles. Muchas empresas japonesas ya cuentan con sistemas de aire acondicionado con generadores de iones; incluso han sido utilizados en cápsulas espaciales, para ayudar a los astronautas a superar el cansancio y otras enfermedades psicológicas. Mi maestro taoísta, Mantak Chia, con mucha frecuencia hace referencia a los iones negativos y al uso de los ejercicios de respiración especial para absorberlos en el cuerpo.

Los taoístas emplean varias técnicas especiales de respiración, una de las cuales supone tragar el aire directamente en el tubo digestivo [6] para absorber y transformar la energía de la atmósfera, incluyendo los iones negativos, no sólo para la meditación y la conciencia espiritual, sino también para la autosanación y la longevidad. Según los taoístas, el cultivo consciente de la respiración es una poderosa forma de extraer energías del mundo exterior así como de regular las vías energéticas de nuestro mundo exterior, lo que nos ayuda a alcanzar un armonioso equilibrio corporal, mental y emocional. Los taoístas también creen que este equilibrio, que es el comienzo de la totalidad real del ser, es la base de la salud y el bienestar.

LOS «TRES TESOROS»

Como resultado de miles de años de experimentación y observación, los taoístas afirman que la vida humana depende del

---

[6] Véase *The Primordial Breath*, volumen 2, trad. por Jane Huang (Torrance, California: Original Books, 1990), p. 13, para una descripción más clara de esta práctica tan esotérica. Yo no profundizaré en este ejercicio pues es extremadamente avanzado y tengo poca experiencia al respecto. No obstante, en capítulos siguientes hablaré de una práctica relacionada con ésta, que Mantak Chia me hizo conocer, y que consiste en respirar «en» la saliva y tragarla.

movimiento y la transformación no obstaculizados de tres fuerzas principales, que Mantak Chia denomina «fuerza terrestre»,
«fuerza cósmica» (la energía superior del ser, de la naturaleza)
y «fuerza universal» (la energía del cielo, de las estrellas). En el
organismo humano estas fuerzas se manifiestan como tres sustancias o energías diferentes —los «tres tesoros»: *ching*, que es
la esencia sexual; *chi*, la vitalidad o fuerza vital; y *shen*, el espíritu. Las fuentes que nos las suministran son diversas e importantes: nuestros padres (herencia), los alimentos que consumimos,
y el aire que respiramos. A pesar de que, en general, no somos
conscientes de ello, también las recibimos directamente de la
tierra, la naturaleza y las estrellas a través de las plantas de
nuestros pies, la piel, las palmas, la parte superior de la cabeza,
y otros centros de energía del cuerpo. Según Mantak Chia, numerosas prácticas taoístas están concebidas para enseñar cómo
armonizar, absorber y digerir mejor estas energías[7].

Alquimia interior

Las prácticas taoístas también tienen la finalidad de alcanzar
una especie de alquimia interior —la transformación de la
esencia sexual en vitalidad, y la vitalidad en espíritu— tanto
para la salud como para la evolución espiritual. Esta transformación tiene lugar en tres centros energéticos principales del
cuerpo llamados «tan tiens» o «campos de elixir», localizados
en la parte inferior del abdomen, en el plexo solar y en el cerebro. En estos centros se lleva a cabo la alquimia real del organismo humano; las energías circulan a partir de ellos por diferentes vías energéticas llamadas meridianos, que transportan
la energía a diferentes puntos del organismo (fig. 12). En términos occidentales, los tan tiens y los meridianos son bastante parecidos a estaciones eléctricas generadoras y transforma-
doras, que crean electricidad a partir de varias materias primas

---

    [7] Mantak Chia y Maneewan Chia, *Despierta la luz curativa del Tao*
(Mirach, Madrid).

de diferente densidad y eficiencia —como el carbón, el petróleo y el gas natural— y distribuyen este poder mediante una compleja red de cables hasta nuestras casas, y en consecuencia hasta nuestros electrodomésticos.

«CHI ORIGINAL»

Una de las formas más importantes de energía para nuestra salud y bienestar general es la que recibimos a través de la herencia —a partir de la unión sexual de nuestros padres, del yin (esencia femenina) y el yang (esencia masculina). Y se la conoce como «chi original»[8]. Una gran parte de nuestro chi original es nuestra esencia sexual o ching, así que no hablaremos del ching aisladamente. Según Mantak Chia, el chi original se almacena principalmente en el tan tien inferior, en el centro de un triángulo formado por el ombligo, un punto que se encuentra a mitad de camino entre los dos riñones y el centro sexual (en el área del hueso púbico).

La ubicación exacta, que varía según el peso y la estatura de la persona, es aproximadamente de 3 a 6 cm bajo el ombligo, y más o menos un tercio de esta longitud hacia dentro del cuerpo (fig. 13). El tan tien inferior es la batería básica del organismo, ya que suministra la energía fundamental que necesitamos para llevar a cabo la combustión y transformación de las energías que recibimos a partir del aire, los alimentos, etc.

Desde el punto de vista taoísta, la abundancia de energía en el tan tien inferior facilita la asimilación de todas las otras formas de energía de las que disponemos. Este centro energético, como todos los demás del cuerpo, es una especie de imán que puede atraer la energía exterior con una correspondiente vibración. Los taoístas afirman «Donde más hay, más se da»; y también suelen decir, sin exagerar, que nuestra salud y bienestar parten de una cierta reserva de energía en los centros energéticos apropiados del organismo, en especial en el tan tien inferior, que es el área de

---

[8] Ibídem.

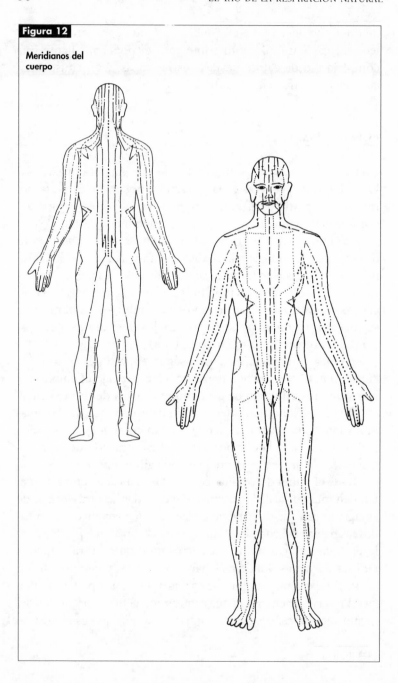

Figura 12

Meridianos del
cuerpo

nuestra esencia sexual o vitalidad. Cuando percibimos la energía en esta zona, en general nos sentimos equilibrados y centrados; cuando por el contrario la energía se bloquea, o cuando no tenemos reservas suficientes, sentimos debilidad física general y falta de equilibrio. Además, podemos notar que criticamos o juzgamos a los demás y a nosotros mismos. Nuestra energía puede bloquearse o perderse de muchas maneras distintas, que incluyen la negatividad, la tensión, el estrés, la ensoñación, la conversación y la actividad sexual, o bien a través del cotilleo, la crítica, la preocupación, etc. A pesar de que parte de la energía perdida se recupera automáticamente al comer o respirar, nuestro chi original gradualmente se disipa con el paso de los años.

Sin embargo, podemos aprender a «conservar» intencionalmente nuestra energía, así como a «recargar» nuestra batería —mantener nuestro tan tien inferior abierto y lleno de energía— a través de prácticas que se basan en la atención (conciencia) con la ayuda de ejercicios de respiración especiales. Dos de los ejercicios de respiración más básicos son la *respiración abdominal normal* y la *respiración abdominal taoísta*. La primera, en la que el vientre, la caja torácica y la parte inferior de la espalda se expanden en la inhalación y contraen en la exhalación, aporta muchos beneficios, incluyendo un masaje automático de los órganos internos y un mayor flujo de chi a su alrededor.

«También ayuda a estimular el flujo de sangre, linfa y hormonas y (...) reduce el trabajo del corazón»[9]. Esta forma de respiración es similar a la

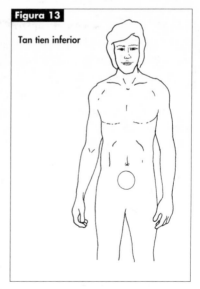

Figura 13

Tan tien inferior

---

[9] Ibídem.

respiración tranquila y natural de un bebé o un niño. Lao Tse hace referencia a ella en el *Tao Te Ching* cuando dice: «Concéntrate en tu respiración vital hasta que sea sumamente suave; ¿puedes ser como un bebé?»[10].

La otra forma básica de respiración, llamada respiración abdominal taoísta o respiración «inversa» (ya que el vientre, los lados de la caja torácica y la parte inferior de la espalda se mueven hacia dentro al inhalar y se desplazan hacia fuera al exhalar) comprime y acumula la energía en el tan tien inferior y los órganos que lo circundan. También contribuye a mejorar la circulación de esta energía por los meridianos. Exploraremos la respiración inversa en el Apéndice 1[11].

E J E R C I C I O S

Como hemos visto en el capítulo 2, una de las claves de la salud y la sanación es el trabajo con la autopercepción: el desarrollo de la atención interior y la conciencia; sin embargo, sin este trabajo con nuestra atención interior y eventual capacidad para controlarla, los ejercicios de respiración descritos en este libro darán poco resultado. Al hacer referencia a la importancia de la atención, un reconocido maestro de chi kung y medicina china afirma: «Al hablar de atención hacemos referencia tanto a la experiencia de la conciencia como a la actividad cerebral que la precede. Regular la atención permite que el practicante coloque

---

[10] Lao Tse, *Tao Te Ching*, traducción al inglés de Victor H. Mair (Nueva York, Bantam Books, 1990), p. 69.

[11] La respiración inversa taoísta suele tener lugar de forma espontánea cuando la persona hace un gran esfuerzo físico, en especial al practicar algún deporte, artes marciales, etc., puesto que puede contribuir a generar una fuerza hacia el exterior a través de las extremidades. Activar intencionalmente esta clase de respiración es muy difícil, y si se hace prematuramente puede causar una gran tensión y tener efectos negativos sobre el organismo. Antes de practicar la respiración inversa es mejor haber trabajado con la respiración abdominal durante varios meses.

su qi en una condición confortable. Encontrar este estado de comodidad y tranquilidad es la clave para aplicar con éxito el Qi Gong y eliminar la enfermedad, fortalecer el cuerpo, prolongar la vida y fomentar la inteligencia»[12]. En consecuencia, lo más importante en estos ejercicios de respiración es llevarlos a cabo con absoluta claridad, sin esfuerzo y a gusto, es decir, sin fatiga, sin hacer ningún sacrificio por alcanzar un resultado que crees que *deberías* alcanzar. Además, debes concederte todo el tiempo que te haga falta para descansar tras cada ejercicio, para así percibir su influencia sobre ti.

1

ABRE EL VIENTRE

Siéntate o permanece de pie. Observa cómo respiras durante algunos minutos y luego coloca las manos sobre el ombligo. Cuando inhales, percibe que estás respirando directamente desde la nariz a través de un largo y estrecho tubo que termina en un globo localizado en la parte posterior del ombligo. A medida que el globo se expande, también lo hace tu área abdominal. Cuando expiras, el globo se contrae y tienes la sensación de que el aire sube lentamente por el tubo y sale por la nariz (fig. 14). Obviamente, el aire que inhalas no entra al abdo-

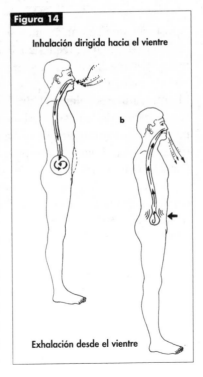

Figura 14

Inhalación dirigida hacia el vientre

b

Exhalación desde el vientre

---

[12] Tzu Kuo Shih, *Qi Gong Therapy: The Chinese Art of Healing with Energy* (Barrytown, N. Y.: Station Hill Press, 1994), p. 35.

men, sino que se dirige a los pulmones; pero la «percepción» de
un movimiento que se desarrolla desde la nariz y sigue hasta el
abdomen relaja tus músculos y tejidos abdominales y permite
que el diafragma baje hacia el abdomen y masajee tus órganos internos. Asegúrate de que los hombros y el pecho estén relajados
durante el ejercicio. *No hagas ningún esfuerzo.* Simplemente visualiza y percibe el movimiento del globo en tu vientre, mientras
simultáneamente sientes el movimiento ascendente y descendente del diafragma durante la inhalación y la exhalación.

2
SIENTE TU DIAFRAGMA

Para tener una sensación incluso más clara del movimiento que
realiza tu diafragma, recuéstate boca arriba, con las rodillas flexionadas, los pies ligeramente apartados uno del otro, las plantas sobre el suelo, y los brazos a ambos lados del cuerpo (fig. 15).
Mientras inhalas y llevas el aire hacia el vientre, deja que el globo
se expanda todo lo posible. Al final de la inhalación, contén la respiración y asegúrate de que no se escape nada de aire por la nariz
ni por la boca. Luego, sin respirar, aplana gradualmente el vientre
y lentamente mueve el globo de aire hacia tu pecho, al tiempo que
notas que el diafragma se desplaza hacia arriba. Ahora aplana el
pecho y lleva el globo de nuevo hacia el vientre. Intenta, simultáneamente, sentir que el diafragma se mueve hacia abajo.

Mueve el globo hacia adelante y hacia atrás varias veces,
como si se tratase de un fuelle. Descansa un par de minutos y
observa cualquier cambio que se haya producido en tu respiración. Vuelve a practicar el ejercicio dos o tres veces más.

3
ABRE LA CAJA TORÁCICA

Sigue recostado boca arriba. Coloca las manos a ambos lados de
tu caja torácica, sobre las costillas inferiores, y siente que mien-

tras inhalas el globo se expande en su interior. Cuando exhales, las costillas volverán a su posición normal. Al respirar de este modo, estás ayudando al diafragma a «profundizar» más aún en tu abdomen, ya que la parte inferior de este músculo está unida a las costillas inferiores. Para tener una mejor percepción del movimiento que lleva a cabo tu caja torácica, recuéstate sobre el lado derecho, con la cabeza descansando sobre el brazo derecho, y la palma izquierda apoyada suavemente sobre el lado izquierdo de la caja torácica (fig. 16). Cuando respires, siente que lo estás haciendo directamente hacia el lado izquierdo de la caja torácica y que estás exhalando desde allí hacia fuera. Trabaja de esta forma durante 15 ó 20 respiraciones, y luego vuelve a recostarte sobre la espalda, con los pies apoyados en el suelo. Percibe tu respiración durante varias inhalaciones y exhalaciones; comprueba si notas alguna diferencia entre el lado izquierdo y el derecho de

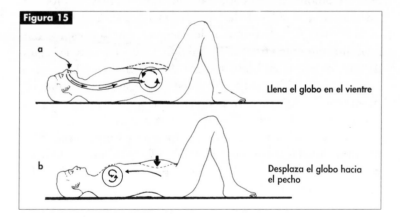

Figura 15

a

Llena el globo en el vientre

b

Desplaza el globo hacia el pecho

la caja torácica. A continuación recuéstate sobre el lado izquierdo, con la cabeza apoyada sobre el brazo izquierdo y la mano derecha colocada sobre la parte inferior del lado derecho de la caja torácica. Respira hacia el lado derecho de la caja torácica quince o veinte veces. Nuevamente, recuéstate boca arriba con las rodillas flexionadas, respira suavemente haciendo llegar el aire a ambos lados del tórax, y observa cualquier cambio que se haya producido en tu respiración.

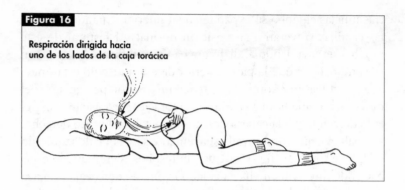

Figura 16

Respiración dirigida hacia
uno de los lados de la caja torácica

4
ABRE LA «PUERTA DE LA VIDA»

Siéntate o ponte de pie cómodamente una vez más, y coloca las manos a ambos lados de la espina dorsal, sobre la parte inferior de la espalda (con la punta de los dedos tocando la espina dorsal), directamente «frente» al ombligo. Este área entre la segunda y tercera vértebra lumbar recibe el nombre de «mingmen» o «puerta de la vida» entre los taoístas, puesto que se trata del punto entre los dos riñones en el que se acumula nuestra esencia sexual. Es sumamente importante mantener esta zona cálida, relajada y a gusto, pues nos proporciona un gran bienestar. Mientras inhalas, siente que el globo se llena de aire y empuja la parte inferior de la espalda hacia fuera (fig. 17). Cuando exhalas, la parte inferior de la espalda regresa a su posición original. Respira de esta forma durante dos o tres minutos. Para conseguir sentir el movimiento de la parte inferior de la espalda durante el proceso de respiración ponte en cuclillas, una posición muy útil no sólo para abrir dicha porción de la espalda, sino también para mejorar tu salud general. Cuando lo hagas, lleva los brazos hacia adelante y relájalos, y siente la parte inferior de la espalda mientras respiras (fig. 18). Esta postura libera automáticamente los músculos de este sector, así como la parte inferior del diafragma, que está unida a la espina lumbar; también ayuda a limpiar y energizar los riñones. Si te cuesta

mucho ponerte en cu-
clillas, puedes ponerte
de pie, inclinarte hacia
adelante y apoyar el
peso de la parte supe-
rior de tu cuerpo sobre
las manos, que a su vez
descansan en las rodi-
llas. Una vez que sientas
que la parte posterior de
la espalda se expande y
contrae, vuelve a la po-
sición normal, sentado
o bien de pie, y deja que
la «memoria orgánica»
de lo que acabas de ex-
perimentar te ayude a
percibir el proceso en
esta nueva posición.

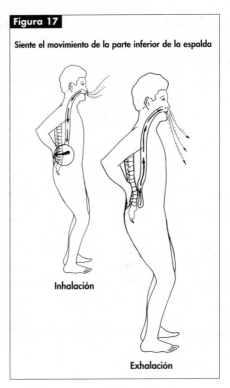

Figura 17

Siente el movimiento de la parte inferior de la espalda

Inhalación

Exhalación

5
ABRE EL VIENTRE, LA CAJA TORÁCICA
Y LA PARTE POSTERIOR
DE LA ESPALDA SIMULTÁNEAMENTE

A continuación, ya sea sentado o de pie, intenta experimentar
con las tres áreas al mismo tiempo. Toma conciencia de todo
el espacio «encerrado» entre tu ombligo, tu hueso púbico y la
parte inferior de tu espalda. Cuando inhales, siente que el globo se expande hacia adelante, hacia atrás y hacia ambos lados
más o menos simultáneamente. Cuando exhales, percibe que
el globo se contrae. No tienes que notar ninguna sensación de
esfuerzo ni de tensión; simplemente sientes que el globo se
hincha y deshincha. Asegúrate de percibir que el diafragma se
mueve hacia abajo cuando inhalas y hacia arriba cuando exha-

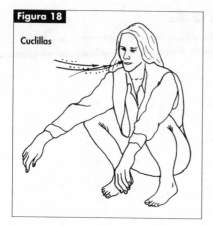

Figura 18

Cuclillas

las. Tras algunos minutos, olvídate del globo y simplemente céntrate en la calidez de tu abdomen, una especie de bola de energía que se expande y contrae. Cuando respiras naturalmente de esta forma comienzas a sentir que, a pesar de que el aire no se dirige a la cavidad abdominal, «algo» llega hasta allí. Desde el punto de vista taoísta, este algo es tanto la sangre como el chi, y al respirar de esta forma comienzas a energizar tu tan tien inferior. Puedes llevar a cabo este ejercicio varias veces al día.

CHI ADQUIRIDO

La energía que conseguimos a través de los alimentos, el agua y el aire se denomina «chi adquirido», una energía que recibimos desde el mundo exterior y de la que dependemos para funcionar a diario. El centro principal de acumulación y transformación de energía es el tan tien medio, localizado en el área del plexo solar, centro de nuestra vida emocional. Para los taoístas, la calidad de esta energía depende en parte de la calidad de los alimentos que ingerimos y del aire que respiramos. Los taoístas, en consecuencia, se preocupan por seguir una dieta correcta, y también por respirar de forma apropiada. Como hemos visto, una adecuada respiración aporta muchos beneficios además del eficaz consumo de oxígeno. La práctica de la respiración abdominal, por ejemplo, tiene una poderosa influencia sobre la digestión pues incrementa la peristalsis gastrointestinal, el flujo sanguíneo y la absorción de los alimentos. También puede ayudar a abrir los tejidos que rodean el plexo solar y promover el fluido de energía a través de los canales que se encuentran en este área. Según Mantak Chia, cuando esta zona se encuentra bloqueada o es energéticamente débil, solemos sentir pánico o preocupación, falta de libertad en nuestro comportamiento, o bien la incapacidad para asumir ninguna clase de riesgo. Asimismo podemos sentir que no nos aman o que somos incapaces de amar, o bien que los demás nos juzgan constantemente.

La respiración abdominal —en especial cuando es lenta, profunda y prolongada—, combinada con ciertas prácticas conscientes dirigidas a centros de energía específicos, también nos ayuda a recibir las energías de la tierra, la naturaleza y el cielo. Esta forma de respiración activa el sistema nervioso parasimpático, que calma nuestro cerebro y nuestro cuerpo. Esto permite que nuestra atención interior perciba claramente las vibraciones, impresiones y movimientos de las energías que fluyen dentro y alrededor de nosotros y que en general nos resultan invisibles. La percepción de estas vibraciones, así como las de los centros que puedan recibirlas, permite que estas energías sean absorbidas por nuestro organismo.

E J E R C I C I O S

1
A B R E   E L   P L E X O   S O L A R

Siéntate o permanece de pie y presta atención a tu respiración durante varios minutos. Ahora coloca las manos sobre el abdomen y siente que la bola de energía que se halla detrás de tu ombligo se expande cuando inhalas y se contrae cuando exhalas. Deja que tu conciencia profundice en los tejidos del abdomen. Tras varias respiraciones, deja que la bola de energía se expanda durante la inhalación desde el área del ombligo hacia el plexo solar (localizado ligeramente más arriba que el punto medio entre el ombligo y la parte inferior del esternón). Cuando exhales, siente que las áreas del plexo solar y el ombligo se contraen. En cuanto comiences a relajarte en esta sensación interior, tu respiración gradualmente se hará más lenta por sí sola. Coloca las manos sobre el plexo solar e inclínate ligeramente hacia adelante desde la cintura; observa cómo responde la respiración. Repite varias veces. Ahora ya no te inclines y centra toda tu atención en el área del plexo solar. Observa cómo se expande y contrae con cada inhalación y exhalación. Trabaja de esta forma durante varios minutos.

2
RELAJA LAS TENSIONES PROFUNDAS

Cuando comiences a sentir que tu plexo solar se torna más sensible y abierto, percibe el aire que entra desde tu nariz hacia el plexo solar y el tan tien inferior (fig. 19). Visualízalo como si fuese un largo hilo de seda que conecta toda la parte frontal de tu cuerpo desde la nariz hacia el abdomen. Cuando exhales, deja salir el aire por la boca, asegurándote de que esté casi cerrada por completo, y de que la exhalación sea lenta, tranquila y estable. Deja que todo el aire de los pulmones sea exhalado completamente antes de volver a inhalar. Cuando exhales, siente que toda la tensión de tu abdomen, plexo solar y pecho está saliendo de ti junto con la respiración. Respira lentamente de esta forma durante cinco o diez minutos. Presta especial atención al área que se encuentra alrededor del plexo solar. Nota

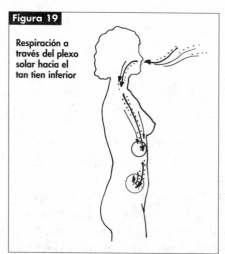

Figura 19

Respiración a través del plexo solar hacia el tan tien inferior

que se torna cada vez más blanda, como algo que se estuviese derritiendo. Luego deja de lado cualquier intención relacionada con la respiración y simplemente nota lás diversas vibraciones que se producen dentro de tu cuerpo y a su alrededor. No hay otra cosa que hacer más que observar y sentir. Sigue trabajando de este modo durante al menos quince o veinte minutos.

SHEN

«Shen» suele traducirse como espíritu o mente superior; también es una sustancia o energía del cuerpo humano. A pesar de que el *shen* puede ser tanto original como adquirido, no marcaremos la diferencia entre uno y otro en este libro. A veces, a causa de haberse originado en las estrellas, se le llama «chi celestial» y se trata de una energía que reside en el tan tien superior: el centro energético localizado entre las cejas, en el área de la glándula pituitaria del cerebro (fig. 20). Este centro controla la energía básica de la mente, necesaria tanto para el pensamiento claro como para la conciencia. El shen es la luz de la lucidez, de la conciencia, que brilla a través de nuestros ojos cuando estamos despiertos. Cuando este área se abre y energiza, experimentamos una fuerte intuición y una sensación de propósito real; y cuando está cerrada o débil, nuestra atención se dispersa y nos sentimos distraídos o indecisos. Se dice que algunos médicos taoístas o chinos se niegan a tratar a personas cuya luz del shen sea demasiado débil, puesto que sin suficiente shen, sin un cierto nivel de «espíritu», la curación se hace imposible.

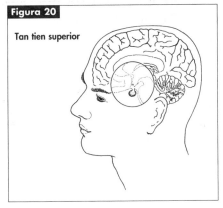

Figura 20

Tan tien superior

El shen puede incrementarse

El organismo produce una cierta cantidad de shen de forma natural, pero dadas las distintas fuentes de estrés de la vida moderna, tener buena salud no siempre es suficiente, y pocas veces alcanza para la transformación psicológica o espiritual. Pero el shen puede incrementarse de forma intencional. Una de las mejores formas de hacerlo es conservando nuestra fuerza vital básica, y apoyando la transformación de esta fuerza en una energía más sutil, como la de la conciencia. Este trabajo depende en gran medida de nuestra capacidad de mantenernos en contacto, de percibir el área del tan tien inferior, y de aprender a mantener abierta y activa esta zona a través de la conciencia y una respiración apropiada. La respiración abdominal profunda no sólo nos ayuda a mover nuestra fuerza vital hacia centros más elevados en la que puede ser transformada, sino que también facilita el sosiego mental y la calma del cerebro. Y esto es importante porque, como ha demostrado la ciencia, «en el adulto, la tasa de actividad mental, medida metabólicamente, es diez veces superior a la de otro tejido del cuerpo en situación de reposo. De hecho, el cerebro quema diez veces más de oxígeno y produce diez veces más dióxido de carbono que el resto del cuerpo»[13].

Desde el punto de vista tanto científico como taoísta, la maratoniana actividad cerebral influye sobre todo el cuerpo, pues activa nervios, hormonas, músculos, tejidos y órganos. Cuando la mente se sosiega —es decir, cuando conseguimos llevar a un ritmo más lento o bien detener por completo las actividades mentales y emocionales innecesarias (como la ensoñación, la crítica, la autocompasión, la reflexión y el pensamiento asociativo fortuito) que ocupan la mayor parte de nuestro día—, las células y tejidos del cerebro y el cuerpo comienzan a descansar y a recuperarse, consumiendo menos

---

[13] Robert B. Livingston, en *Gentle Bridges: Conversations with the Dalai Lama on the Sciences of the Mind*, eds. Jeremy W. Hayward y Francisco J. Varela (Boston, Shambhala, 1992), p. 174.

energía y acumulando más, lo que ayuda a incrementar el nivel general de energía, de chi, en nuestro organismo. Cuando el chi alcanza un cierto nivel de intensidad dentro de nosotros y somos capaces de sentirlo a través de una conciencia tranquila y permanente, naturalmente se produce la transformación de más cantidad de esta energía en la energía del shen, que es mucho más pura. Este nivel superior de shen no sólo favorece la curación y el bienestar, sino que además constituye la base del crecimiento psicoespiritual.

EJERCICIOS

1

ABRE EL CEREBRO

Siéntate o permanece de pie en la postura habitual, dejando que la mente se calme y tu conciencia abarque el máximo posible de tu organismo y sus funciones. Tras diez o quince minutos centra tu atención en la parte inmediatamente inferior al ombligo y siente que la bola de energía se expande y contrae mientras inhalas y exhalas. Una vez que percibas que estás en contacto con este área, deja que tu atención también incluya el tan tien superior, localizado entre las cejas. Siente que los ojos se relajan en su parte posterior. Ahora nota que toda el área que los rodea también se relaja. Es una sensación similar a algo duro que se ablanda, o a hielo que se derrite para transformarse en agua. Mientras tiene lugar este proceso, presta atención a cualquier pensamiento o sentimiento que puedas tener. No te ocupes en modo alguno de estas experiencias. Deja que tengan lugar y continúa percibiendo.

2
RESPIRA «HACIA» EL CEREBRO

Una vez que la zona entre las cejas te parezca más blanda y abierta, comprueba si es posible inhalar directamente hacia el cerebro, mientras al mismo tiempo te mantienes en contacto con tu respiración abdominal profunda. Verifica si sientes una especie de sutil vibración o movimiento en esta zona. No creas en los pensamientos negativos que puedan surgir, que sin lugar a duda te dirán que es imposible respirar hacia el cerebro; tú sólo inténtalo, compruébalo por ti mismo. Trabaja en esta actividad durante diez minutos aproximadamente. Cuando estés listo para finalizar, lleva tu atención (y tu respiración) de nuevo hacia el tan tien inferior. Siente que toda la energía que hayas acumulado de alguna manera se almacena aquí. Respira tranquilamente de esta forma durante un par de minutos antes de detenerte.

Cuando analices las implicaciones de las ideas y ejercicios planteados en este capítulo, no te preocupes por recordar los términos técnicos que hemos empleado; lo importante es comenzar a percibir que tu propio funcionamiento armonioso depende de una variedad de sustancias específicas (o energías) provenientes tanto del exterior como de tu interior, así como del movimiento de dichas sustancias, que gracias a la respiración llegan hasta los puntos de tu cuerpo en donde pueden almacenarse y transformarse. Cuando lleves varias semanas trabajando con las ideas y prácticas mencionadas en este capítulo comenzarás a tener una nueva sensación de vitalidad y apertura, en especial en el vientre, el plexo solar y el rostro. Toma nota de esta sensación. Deja que empiece a esparcirse por todo tu cuerpo. Vuelve a ella tan asiduamente como puedas.

4

RESPIRA
CON TODO EL
CUERPO

*... cuando somos capaces de respirar a través
de todo nuestro cuerpo, sintiendo nuestra verticalidad
de la cabeza a los pies, estamos armonizando
con el fluido natural de energía que conecta
el cielo con la tierra.*

*H*ACE MÁS DE DOS MIL AÑOS, el gran filósofo taoísta Chuang Tzu dijo que «el Verdadero Hombre respira con los talones; la masa de hombres lo hace con la garganta»[1]. Esta antigua observación acerca de la respiración, que puede ser especialmente importante en la actualidad, es la base del enfoque taoísta en cuanto a la respiración. Para el taoísmo, la respiración (cuando es natural) nos ayuda a abrirnos a las vastas escalas del cielo y la tierra —a la alquimia cósmica que tiene lugar cuando se produce la interacción entre las radiaciones del sol y las sustancias terrenales que generan las energías de la vida. Es nuestra respiración, en especial la respiración «natural», la que nos permite absorber y transformar estas energías.

¿Qué es la respiración natural? Hemos comenzado a responder a esta pregunta en los dos primeros capítulos, al analizar la fisiología básica de la respiración y explorar el modo de observarla en relación con nuestros tejidos y órganos. Hemos profundizado en el significado de la respiración natural en el tercer capítulo, al trabajar con los tres centros primarios de energía de nuestro cuerpo, en especial el que se encuentra en el área del ombligo. En este capítulo expandiremos el trabajo que hemos comenzado hasta incluir la totalidad del cuerpo en nuestra respiración, porque, sólo cuando todo el cuerpo respi-

---

[1] Chuang Tzu, *Basic Writings*, traducido al inglés por Burton Watson (Nueva York: Columbia University Press, 1964), p. 74.

ra, podemos tener acceso completo a nuestro poder sanador interior, a la vitalidad orgánica a la que tenemos derecho.

UNA SIMPLE DEFINICIÓN DE «RESPIRACIÓN NATURAL»

Una de las definiciones más simples y prácticas que he encontrado proviene del reconocido psiquiatra Alexander Lowen, que estudió con Wilhelm Reich. «La respiración natural —es decir, la forma en que respira un niño o un animal— incluye todo el cuerpo; pero ello no significa que todas las partes estén involucradas activamente, sino que cada una está afectada en mayor o menor grado por las ondas respiratorias que atraviesan el cuerpo. Cuando inspiramos, la ola de aire parte desde el sector más profundo de la cavidad abdominal y fluye hasta la cabeza. Cuando espiramos, la ola de aire se mueve desde la cabeza hasta los pies»[2].

Desde el punto de vista de esta definición, muy pocos de nosotros experimentamos la respiración natural. En mi libro acerca de la curación a través del Chi Nei Tsang (masaje del chi sobre los órganos internos), por ejemplo, muchas de las personas sobre las que trabajé tienen poca conciencia de cualquier movimiento en su cavidad abdominal, las costillas inferiores, o la parte inferior de la espalda al principio del tratamiento. Cuando observo su respiración, o coloco las manos sobre su vientre o en su pecho, es claro que la ola respiratoria suele comenzar en la mitad del pecho o incluso más arriba, y parece recorrer sólo una corta distancia hacia arriba en dirección a los hombros y el cuello. Algunas de estas personas han sido sometidas a cirugía abdominal, y está claro que, incluso muchos años más tarde, siguen protegiéndose de sentir el dolor que les produjo la intervención. Otros, evidentemente, se protegen de experimentar emociones dolorosas, mientras que un tercer grupo se sienten inseguros en el campo de su sexua-

---

[2] Alexander Lowen, *Espiritualidad del cuerpo: bioenergética, un camino para alcanzar la armonía y el estado de gracia* (Paidós, Barcelona 1993).

lidad. Pero lo que todos ellos tienen en común es que inconscientemente están utilizando su respiración para intentar alejarse de la percepción de su malestar físico y psicológico, así como de sus contradicciones.

CÓMO DISTINGUIR LOS MOVIMIENTOS
INTERNOS Y EXTERNOS DE LA RESPIRACIÓN

Para apreciar el verdadero poder de la respiración natural es necesario comenzar a distinguir dos aspectos de nuestra respiración: la respiración exterior (el modo en el que opera nuestra fisiología para llevar a cabo la respiración física), y la respiración interior (la sutil respiración que circula por todo nuestro ser). Ya estemos trabajando solos o bien contemos con la ayuda de alguien con mayor experiencia, la clave de la respiración natural consiste en «preparar» nuestra sensibilidad interior, nuestra conciencia, para que sea capaz de notar los diversos movimientos internos y externos de nuestra respiración en el momento mismo en que tienen lugar. Esta sensibilidad, y en particular su expansión hacia las partes inconscientes de nosotros mismos, eventualmente nos permitirá comenzar a sentir las fuerzas físicas y emocionales que actúan sobre nuestra respiración. Sólo cuando conseguimos percibir estas fuerzas tal y como son —sin juzgar ni racionalizar—, nuestra respiración puede comenzar a liberarse de sus restricciones e involucrar a más partes de nuestro ser.

Los movimientos externos de la respiración

A partir de lo que hemos visto hasta ahora, es posible discernir al menos dos niveles de movimiento en nuestro aparato respiratorio durante la inhalación y la exhalación. En la inhalación, mientras el aire se desplaza hacia abajo a través de nuestra nariz y tráquea, el diafragma también lo hace en cierto punto dentro del abdomen para dejar sitio a los pulmones, que necesitan expandirse, mientras el vientre se desplaza hacia fuera para dejar sitio al diafragma. En consecuencia, el primer movimiento que podemos percibir en la respiración natural es el desplazamiento descendente que llevan a cabo el diafragma y el aire. Como los pulmones comienzan a llenarse desde su parte inferior, existe asimismo un movimiento del aire hacia arriba —la clase de movimiento que tiene lugar cuando llenamos un vaso o una botella— que se refuerza con un desplazamiento del pecho hacia fuera y del esternón hacia arriba, creando más espacio en las partes media y superior de los pulmones (fig. 21).

Durante la exhalación podemos sentir que el aire se mueve hacia arriba y hacia fuera junto con el diafragma, músculo que se relaja y retoma su forma de cúpula original empujando hacia arriba. Al mismo tiempo, podemos sentir que el esternón se desplaza hacia abajo y las costillas y el vientre hacia arriba, todo lo cual provoca una relajación general del cuerpo en dirección descendente, hacia la tierra (fig. 22). En consecuencia, estemos inhalando o exhalando, podemos sentir dos movimientos simultáneos que tienen lugar en direcciones opuestas. De hecho, es a través de la percepción simultánea de estos movimientos opuestos del aire y los tejidos como comenzamos a desarrollar la conciencia cinestésica —la sensibilidad interior necesaria para relajar nuestros tejidos y discernir el movimiento energético que tiene lugar en nuestro organismo.

Los movimientos internos de la respiración

Desde el punto de vista taoísta, lo más importante de la respiración natural es el movimiento de la «energía respiratoria», el chi, en el organismo, que es el resultado de la polaridad entre la inhalación (yang, activa, ascendente) y la exhalación (yin, pasiva, descendente); entre llenar y vaciar.

Los taoístas han notado que, mientras inhalamos, la energía de la respiración asciende en dirección a la cabeza, y que mientras exhalamos la energía desciende, dirigiéndose a todo

Figura 21

Inhalación

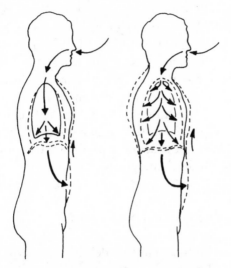

El diafragma se desplaza hacia abajo; el vientre, el pecho
y los pulmones se expanden

Figura 22

Exhalación

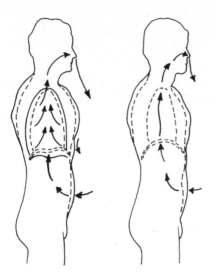

El diafragma se relaja desplazándose hacia arriba; el vientre,
el pecho y los pulmones se contraen

el cuerpo. También han observado que cuando inhalamos, absorbemos asimismo la energía yin de la tierra, una poderosa
energía sanadora, a través de nuestros pies y hacia arriba, hacia todo el cuerpo. Cuando exhalamos, podemos dirigir cualquier energía tóxica o estancada hacia abajo, hacia los pies, y
fuera, hacia la tierra. Los taoístas también afirman que durante
la inhalación podemos llevar la energía yang del cielo directamente hacia nuestro cuerpo a través de la coronilla, el centro
energético que se localiza en la parte superior de la cabeza, y
que durante la exhalación es posible distribuir esta energía hacia abajo, a todo el cuerpo (fig. 23).

LA POLARIDAD DEL CIELO Y LA TIERRA

Creamos o no en las energías del cielo y la tierra, sabemos que es
la polaridad positivo-negativo, yin-yang, lo que genera electricidad y hace que la energía se mueva. También sabemos que existen varios campos electromagnéticos rodeando la Tierra, que en
sí mismos son manifestaciones de esta polaridad fundamental.
Una empresa norteamericana que ha producido generadores de
iones negativos para el programa espacial señala, por ejemplo,
que entre la Tierra y la atmósfera existe un campo eléctrico natural, y que este campo —que tiene una fuerza de varios cientos de
voltios por metro en un espacio abierto con aire no contaminado— es usualmente positivo en relación con la Tierra. La empresa también afirma que varios experimentos han demostrado que
este campo atrae los iones negativos desde la parte superior de la
atmósfera y produce una corriente eléctrica en el cuerpo que estimula a los organismos vivos de un modo beneficioso[3].

Los taoístas, por supuesto, han hablado durante miles de años
sobre la polaridad yang-yin, arriba-abajo, cielo-tierra. Como organismos vivos, dependemos de las polaridades química y eléctrica
que tienen lugar dentro de nuestros cuerpo, así como de la polaridad electromagnética de la tierra y la atmósfera. Y al ser con-

---

[3] Andre van Lysebeth, *op. cit.*

ductores dentro de este campo electromagnético, nuestros cuerpos manifiestan una potencial diferencia de voltaje entre la cabeza (positivo) y los pies (negativo), que aumenta en relación con el grado de nuestra verticalidad.

Figura 23

Energías yin y yang siendo atraídas hacia el cuerpo

Otros factores importantes incluyen el sitio en el que nos encontramos, la pureza del aire, etcétera. En un espacio cerrado con aire contaminado, por ejemplo, la diferencia de potencial es virtualmente cero. Estoy convencido de que cuando somos capaces de respirar a través de todo nuestro cuerpo sintiendo nuestra verticalidad de la cabeza a los pies, estamos armonizando con el fluir natural de la energía que conecta el cielo y la tierra. Y esta «corriente» vertical puede contribuir a explicar el gran poder sanador tanto del tai chi como del chi kung, en especial cuando se practican, tal como recomiendan los maestros taoístas, en espacios abiertos y al aire fresco.

LOS BENEFICIOS DE LA RESPIRACIÓN CON TODO EL CUERPO

Además de ayudarnos a establecer una relación más armoniosa con las energías del cielo y la tierra, la respiración con todo el cuerpo propone muchos beneficios tanto desde el punto de vista fisiológico como psicológico. A nivel fisiológico no sólo incrementa nuestra absorción de oxígeno e impulsa la eficacia de todo el mecanismo de respiración, sino que también contribuye —a raíz del masaje interno que genera— a la revitalización de células, tejidos y órganos del cuerpo y a la eliminación de toxinas. A nivel psicológico, la respiración con todo el cuerpo nos ayuda a relajarnos lo suficiente como para comenzar a experimentar nuestro propio ser desde lo más interno de nosotros y hacia fuera, para descubrir una atención interior que puede tener impresiones más apropiadas y completas de la totalidad de nuestro ser y su funcionamiento. Cuando esto ocurre —cuando nuestra respiración se expande hacia zonas inconscientes de nosotros mismos— nuestras actitudes y emociones comienzan a cambiar y la imagen que tenemos de nosotros mismos poco a poco deja de oprimir nuestras vidas.

EJERCICIOS

Siéntate y realiza la mayor cantidad de los ejercicios anteriores que el tiempo te permita. Cuando acabes, deja que tu conciencia abrace la totalidad de tu percepción. Sentirás esta sensación —incluyendo tu piel, tejidos, músculos, tendones y ligamentos, órganos y huesos— como intensidades variables de vibración, algunas más densas y otras más finas. Observa cuántos niveles de vibración puedes distinguir.

1
PERCIBE LOS MOVIMIENTOS
EXTERNOS DE LA RESPIRACIÓN

Ahora, dentro de este campo de percepción, comienza a seguir los movimientos que tienen lugar durante la respiración. Cuando inhales, observa si puedes percibir el movimiento descendente del aire y del diafragma. Nota si tu vientre se expande cuando inhalas; si no lentamente coloca las palmas sobre el ombligo y percibe cómo la calidez de tus manos comienza a atraer tu respiración y a abrir tu vientre. Cuando exhales, observa si puedes notar el desplazamiento ascendente del diafragma y el movimiento hacia dentro que realiza el vientre, y verifica hasta qué punto de tu cuerpo llegan. Mientras inhalas, por ejemplo, comprueba hasta qué punto llega realmente el movimiento. ¿Alcanza el suelo pélvico? Cuando exhales, repite la operación. ¿Llega hasta la cabeza? No «intentes» hacer nada; simplemente observa mientras tu respiración comienza a abarcar más y más partes de tu cuerpo. Trabaja de esta forma durante aproximadamente diez minutos.

2
SIENTE LOS MOVIMIENTOS INTERNOS DE LA RESPIRACIÓN

Mientras continúas percibiendo estos movimientos ascendentes y descendentes en los tejidos de tu cuerpo incluye los movimientos de tu «energía respiratoria». Cuando inhales, comprueba si puedes percibir alguna clase de energía o vibración que sube hasta tu cabeza; cuando exhales, verifica si puedes percibir que esta vibración se mueve hacia abajo y atraviesa todo tu cuerpo. Concédete todo el tiempo que te haga falta. No estamos acostumbrados a utilizar nuestra atención interior para seguir estos movimientos, por lo que la clave es librarnos de toda la tensión innecesaria y sólo limitarnos a «escuchar» nuestra sensación.

3
CONTACTA CON TU CABEZA Y TUS PIES

A continuación, siente que tus pies están firmemente apoyados en el suelo. Deja que se relajen como si se estuviesen esparciendo por el suelo. Mientras se relajan puedes comenzar a sentir una vibración en un punto de tus pies llamado «almohadillas burbujeantes» (el punto de acupuntura llamado «riñón 1» que se encuentra en la parte superior de la mitad de tu pie, como muestra la fig. 24). Deja que la vibración se expanda hacia todo el pie, e incluso hacia arriba, hasta la pierna. Luego, durante uno o dos minutos, masajea la coronilla (la parte superior de la cabeza) con los dedos índice y corazón (fig. 25). Descansa y siente que el punto se abre. Quizá sientas esta apertura como una sutil vibración, una fusión, una sensación espinosa o una especie de entumecimiento. En cualquier caso, centra tu atención allí hasta que experimentes alguna clase de sensación.

4
SIENTE QUE TODO EL CUERPO RESPIRA

Mientras centras tu atención en los pies y coronilla, comenzarás a percibir que todo tu cuerpo participa en la respiración. Mientras inhalas es posible que sientas que estás atrayendo la

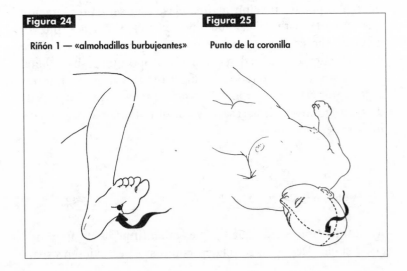

Figura 24

Riñón 1 — «almohadillas burbujeantes»

Figura 25

Punto de la coronilla

sensación burbujeante de tus pies hacia arriba, a través de los tejidos y órganos de tu cuerpo, para que se una a la energía respiratoria que se mueve hacia la parte superior de tu cabeza. Cuando exhales, quizás percibas que la energía interior de tu respiración se expande hacia abajo a través de todo tu cuerpo, en dirección a los pies. En cuanto suceda, sólo disfruta de sentir que la energía respiratoria se mueve hacia arriba y hacia abajo dentro de tu cuerpo. Observa las áreas en las que tu respiración no parece penetrar ni moverse. Trabaja al menos durante diez minutos de esta forma, simplemente observando cómo sube y baja la energía, la sensación, a través de todo tu cuerpo. Si aún no distingues los movimientos, no te preocupes. Puede llevar bastante tiempo. Sólo sigue adelante con el siguiente ejercicio.

5
ESTIRA LA COLUMNA

Ponte en pie de nuevo en la postura básica, con las rodillas ligeramente flexionadas y los pies paralelos, aproximadamente a la altura de los hombros. Relaja los hombros y los brazos y deja que simplemente caigan a ambos lados de tu cuerpo. Centra tu atención en el punto de las «almohadillas burbujeantes» de ambos pies y en el punto de la coronilla. Siente la vibración en ambas áreas. Deja que la inhalación se eleve desde los pies y siga subiendo hasta la parte superior de tu cabeza. A medida que se mueva a través de la espina dorsal hasta la cabeza, en especial durante las primeras respiraciones, es posible que sientas que tu espina dorsal se estira y que tu cabeza empuja hacia arriba para apoyarse más ligeramente sobre ella. Deja que la exhalación comience desde la parte superior de la cabeza y baje hasta los pies, que se apoyan en la tierra. Asegúrate de contactar con la espina dorsal cuando exhalas. Comprueba si puedes mantener esa extensión. Siente como si la respiración simultáneamente te estuviese elevando y empu-

Figura 26

Estiramiento de la columna

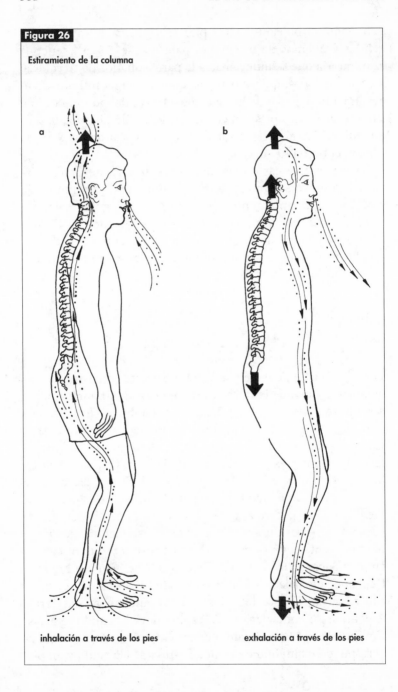

a

b

inhalación a través de los pies   exhalación a través de los pies

jando hacia abajo (fig. 26). No pienses en lo irracional de esta experiencia; sólo deja que tenga lugar.

6
CONECTA EL CIELO Y LA TIERRA

Una vez que hayas sido capaz de percibir estos movimientos, intenta llevar a cabo el siguiente ejercicio partiendo de la misma posición de pie básica. Cuando inhales, lentamente ponte de puntillas y al mismo tiempo estira los brazos hacia arriba. Deben quedar rectos, a ambos lados de la cabeza y con las palmas hacia fuera, en el momento en que alcances tu extensión máxima (fig. 27). Cuando exhales, lentamente baja los brazos y los pies hasta volver a la posición original. Repite el ejercicio varias veces. Siente el movimiento ascendente y descendente de la energía, y percibe que todo tu cuerpo está respirando. Siente que tu respiración te está poniendo en contacto con tu propia verticalidad —que está conectando el cielo y la tierra tanto dentro como fuera de tu cuerpo. Una vez que lo hayas percibido, camina durante unos minutos y comprueba cuánto tiempo puedes mantener la sensación.

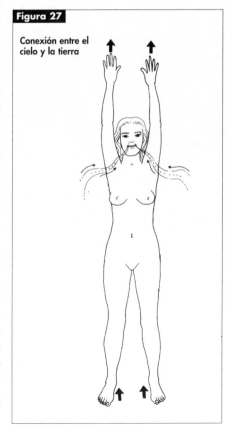

Figura 27

Conexión entre el cielo y la tierra

5

LA RESPIRACIÓN ESPACIOSA

*... cada una de nuestras respiraciones está llena
de los nutrientes y energías necesarios para
la vida, así como de la cualidad expansiva
y abierta del espacio. Esta cualidad, si permitimos
que entre en nosotros, puede ayudarnos a abrirnos
a niveles más profundos de nuestro propio ser
y a nuestros poderes internos de sanación.*

Treinta rayos juntos forman una rueda para un carro.
Es el espacio vacío en el centro de la rueda
el que permite utilizarla.
Moldea una vasija de arcilla;
es su vacío interior el que le da utilidad.
Abre puertas y ventanas en una casa;
es el espacio vacío interior el que crea la
utilidad de la casa.
En consecuencia, lo que tenemos puede ser algo
sustancial, pero su utilidad radica en el
espacio vacío, no ocupado.
La sustancia de tu cuerpo se vivifica
manteniendo esa parte de ti que no está ocupada[1].

LAO TSE

*E*XPERIMENTAR EL PODER sanador natural de la respiración
es experimentar su «espaciosidad». Nuestra respiración no
sólo puede moverse hacia arriba o hacia abajo para ayudarnos
a experimentar nuestra propia verticalidad, sino también hacia dentro y hacia fuera, para expandir y conectar nuestros espacios interiores con el espacio del llamado mundo exterior.
Así como nuestra experiencia del espacio externo nos permite
diferenciarnos y relacionarnos entre nosotros y con los diferentes objetos del mundo exterior, nuestra experiencia de los
espacios internos, las «cámaras» de nuestros cuerpos y psi-

---

[1] *The Complete Works of Lao Tse*, p. 12.

ques, nos permiten diferenciar las diversas funciones y energías
de nuestro organismo y mantenerlas en una armonía dinámica.
Como afirma Chuang Tzu:
«Todas las cosas que tienen conciencia dependen de la respiración. Pero si no consiguen saciarse con ella, no es culpa
del Cielo. El Cielo abre los caminos y los aprovisiona día y noche sin cesar. Pero, por el contrario, el hombre bloquea los
huecos. La cavidad del cuerpo es una bóveda de varios pisos,
y la mente cuenta con sus «viajes» celestiales. Sin embargo, si
las cámaras no son grandes y espaciosas, las esposas y las her-
manas comenzarán a discutir. Si la mente no cuenta con sus
viajes celestiales, entonces las seis aperturas de la sensación se
derrotarán las unas a las otras»[2].

Evidentemente, para Chuang Tzu y los taoístas, las diversas
cámaras o pisos del organismo humano —especialmente el
abdomen, el pecho y la cabeza— necesitan experimentarse
como «grandes y espaciosos», para que nuestras distintas funciones y energías trabajen en completa armonía. Si carecemos
de una mínima sensación de espaciosidad en nuestros órganos
y tejidos, somos incapaces de sentir el espacio en otros aspectos de nuestra vida. Precisamente esa sensación de falta de espacio, de que no tenemos sitio para expandir nuestra percepción de nosotros mismos, es la base de gran parte de nuestro
estrés y malestar. Es una de las principales razones por las que
nos gusta viajar al campo o al mar, donde encontramos vistas
expansivas de la tierra y el cielo, así como un silencio profundo e inagotable. A pesar de que estas experiencias de espacio
de nuestros ojos y oídos nos ayudan a abrir nuestra estructura
psicológica, incluyendo nuestros sentimientos y mente, la
sensación de espaciosidad y silencio rápidamente desaparece
cuando volvemos a nuestras circunstancias cotidianas.

Los budistas tibetanos también ponen gran énfasis en la
importancia del espacio para nuestro bienestar, dejando en
claro que «sentir la falta de espacio, ya sea a nivel personal,
psicológico, interpersonal o sociológico, ha derivado en una

---

[2] *Basic Writings*, p. 138.

experiencia de confusión, conflicto, desequilibrio y negatividad general en la sociedad moderna. (...) Pero si podemos comenzar a abrir nuestra perspectiva y descubrir nuevas dimensiones del espacio dentro de nuestras experiencias inmediatas, la ansiedad y frustración que resulta de nuestra sensación de limitación automáticamente se aliviará; y podremos incrementar nuestra capacidad para relacionarnos de forma sensitiva y efectiva con nosotros mismos, los demás, y nuestro entorno»[3].

NIVELES DE PERCEPCIÓN

El descubrimiento de «nuevas dimensiones de espacio dentro de nuestra experiencia inmediata» es la base de nuestra salud y crecimiento interior. Como nuestra experiencia más inmediata es la percepción de nuestro cuerpo, es aquí donde podemos comenzar este descubrimiento de forma más efectiva. La percepción corporal puede experimentarse a distintos niveles, y es precisamente esta experiencia orgánica de varias densidades de percepción la que comienza a hacernos gustar de la espaciosidad interior. Estos niveles incluyen la percepción de dolores y molestias superficiales; la compacta percepción del peso y la forma de nuestro cuerpo; la sensación más sutil de temperatura, movimiento y tacto; la sensación hormigueante de la totalidad de la piel; la percepción viva de la estructura interna de la fascia, los músculos, los órganos, los fluidos, y los huesos; y la sensación integradora y vibrante de los centros de energía del cuerpo y las vías por las que lo recorre.

Pero existe un nivel más de percepción con el que contamos por derecho de nacimiento. Se trata de la sensación de apertura que todo lo abarca, que constituye el centro mismo del ser. A medida que nuestra percepción comienza a abrirse, a medida que notamos una frecuencia de vibración más am-

---

[3] Tarthang Tulku, *Time, Space and Knowledge: A New Vision of Reality* (Emeryville, Calif.: Dharma Publishing, 1977), p. 5.

plia en nuestra experiencia de nosotros mismos (una vibración que *incluye* en lugar de excluir), entramos en contacto con la percepción de la energía de la vida antes de que se vea condicionada por las rígidas estructuras mentales, emocionales y físicas de la sociedad en la que vivimos, y, más importante aún, por la imagen que tenemos de nosotros mismos. A medida que aprendemos a permitir cada vez más que esta percepción directa entre en nuestra experiencia de nosotros mismos, sentimos una espaciosidad cada vez mayor, una sensación de asombro en la cual las restricciones de nuestra autoimagen pueden comenzar a disolverse. Es la experiencia orgánica de esta espaciosidad esencial la que abarca las polaridades y contradicciones de nuestra vida, las diversas manifestaciones del yin y el yang, y la que les permite existir uno junto a otro en nuestro ser sin reaccionar. Este «abrazo» orgánico interior, esta aceptación sensorial de todo lo que somos, no sólo libera nuestro cuerpo, sino también nuestra mente y sentimientos, y nos permite alcanzar una nueva sensación de vitalidad y totalidad.

LOS TRES ESPACIOS RESPIRATORIOS

No obstante, para experimentar este abrazo orgánico interior debemos comenzar a abrir las diversas cámaras de nuestro ser, permitiendo que retomen su condición original «amplia y espaciosa». La forma más directa de iniciar este proceso es aprender a experimentar la espaciosidad esencial de nuestra respiración y guiar esta espaciosidad de forma consciente hacia nosotros mismos, hacia lo que Ilse Middendorf llama nuestros «tres espacios respiratorios», que son el espacio respiratorio inferior, desde el ombligo hacia abajo; el espacio medio, desde el ombligo hasta el diafragma, y el espacio superior, desde el diafragma hasta la cabeza (fig. 28). Al aprender a respirar en estos espacios y a experimentarlos, comenzamos a abrirlos de distintas formas, así como a relajar toda la tensión innecesaria y encontrar la relajación dinámica (el equilibrio ideal entre la tensión y la relajación) en nuestros tejidos, en los distintos confines de estos espacios. Y este trabajo en sí mismo puede generar muchos cambios importantes, tanto en nuestra percepción de nosotros mismos como en nuestra salud. La idea de los tres espacios respiratorios coincide, desde el punto de vista anatómico, casi exactamente con el concepto del «quemador triple» o «calentador triple» de la medicina china. El quemador triple es uno de los sistemas básicos del cuerpo: un sistema con nombre y función, pero sin una forma específica. Está constituido por un espacio energético superior, uno medio y otro inferior, cada uno de los cuales contiene varios órganos. Desde el punto de vista de la medicina china, el quemador triple integra, armoniza y regula los procesos metabólicos y fisiológicos de las principales redes orgánicas.

Tiene mucho que ver con el movimiento general del chi y es también responsable de la comunicación entre los diversos órganos del cuerpo. Según mi experiencia, llevar la respiración conscientemente a cada uno de estos espacios respiratorios, a cada quemador, y percibir el movimiento espacioso de la respiración hacia arriba y hacia abajo a través de los espacios y los órganos incluidos en ellos, tiene un poderoso efecto equilibrante sobre mis energías físicas y psicológicas. Si practico este ejercicio antes de irme a la cama

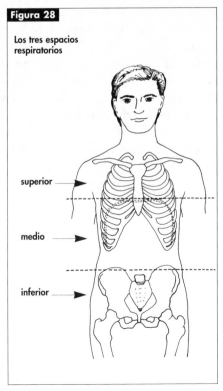

Figura 28

Los tres espacios respiratorios

superior

medio

inferior

por la noche, me calma y me ayuda a dormir mejor; si lo hago durante el día, me proporciona una sensación de mayor vitalidad relajada. Este trabajo con los espacios respiratorios del cuerpo es extremadamente poderoso. Al referirse a los resultados de su trabajo con los diversos espacios respiratorios del cuerpo, Midddendorf señala que «al practicar y trabajar con la respiración, constantemente creamos y experimentamos nuevos espacios respiratorios. Esto permite que el cuerpo se libere de su pesadez y falta de vitalidad, con el fin de que se sienta más a gusto y ligero a través del continuo movimiento respiratorio, y se llene de nuevo poder; de esta forma, se siente bien y más capaz. Esta forma dinámica de respirar puede derivar en grandes logros y éxitos en todas las expresiones de la vida y, gracias a su poder sanador, también llega a influir sobre las depresiones, los estados de agotamiento y otros síntomas. Una creciente capacidad respiratoria evitará que estos estados se repitan»[4].

Cualquiera que sea el entorno teórico que elijamos para comprender nuestro trabajo, cada respiración que hacemos está llena de la energía y los nutrientes que necesitamos para la vida, también de la expansiva y abierta cualidad del espacio que, si permitimos que entre en nosotros, puede ayudarnos a abrirnos a niveles más profundos de nuestro propio ser y a nuestros poderes de sanación interior. Sin embargo, a pesar de su simpleza, la respiración espaciosa no es una práctica fácil de aprender. Muchos años de condicionamiento e «ignorancia» no sólo han generado en nosotros varios hábitos respiratorios contraproducentes, sino que además nos han despojado de casi toda nuestra conciencia cinestésica en cuanto a nuestra propia estructura física, y a la forma en que esta estructura sustenta o bien pone trabas a nuestra respiración. Sin esta percepción interior de nuestra estructura, cualquier intento de imponer una nueva forma de respirar —ya sea yogui, taoísta o de cualquier otra clase— sobre nuestro or-

---

[4] *The Perceptible Breath*, p. 32.

ganismo, puede generar confusión, como potencialmente mayores problemas.

OBSTÁCULOS PSICOLÓGICOS A LA RESPIRACIÓN AUTÉNTICA

Sin embargo, una vez que comenzamos a entrar en contacto con la sensación de esta estructura, empezamos a tomar conciencia de las fuerzas mentales y emocionales que actúan sobre nuestra respiración, sobre nuestros ritmos particulares de inhalación y exhalación. Y éste es un aspecto crucial de cualquier trabajo serio que se emprenda con la respiración, ya que nos mostrará los obstáculos psicológicos que nos impiden descubrir nuestra respiración auténtica.

Nuestra incapacidad para exhalar completamente

Según Magda Proskauer, psiquiatra y pionera en la terapia respiratoria, uno de los mayores obstáculos «para descubrir el genuino patrón respiratorio de cada uno» es la incapacidad que muchos de nosotros tenemos para exhalar de forma completa. Mientras la inhalación requiere una cierta cantidad de tensión, la exhalación necesita justamente lo contrario. Una inhalación completa sin una exhalación completa es imposible, y por ello es importante ver qué obstaculiza el camino de la exhalación. Para muchos de nosotros, el problema suele ser lo que ya no es necesario en nuestras vidas. Proskauer señala que «nuestra incapacidad para exhalar naturalmente parece ser paralela a nuestra condición psicológica, que suele ser una acumulación de viejos conceptos e ideas ya consumidos que, al igual que el aire de nuestros pulmones, son añejos y carecen de utilidad»[5]. Ella deja

[5] De un artículo de Magda Proskauer, «The Therapeutic Value of Certain Breathing Techniques», en Charles Garfield, de *Rediscovery of the Body: A Psychosomatic View of Life and Death* (Nueva York: A Laurel Original, 1977), pp. 59-60.

en claro que para exhalar completamente necesitamos aprender a liberarnos de «nuestras cargas, la cruz que llevamos sobre los hombros», puesto que al deshacernos de este peso innecesario, dejamos que nuestros hombros y costillas se relajen, «hundiéndose» hasta volver a su posición natural en lugar de tensarse hacia arriba. La exhalación completa es una consecuencia natural.

Nuestra incapacidad para inhalar completamente

Aquellos de nosotros que somos incapaces de exhalar completamente en circunstancias normales de nuestra vida, obviamente tampoco podemos inhalar de forma completa. En la inhalación completa que se origina en el espacio respiratorio inferior y se mueve gradualmente hacia arriba a través de los otros espacios, el abdomen, la parte inferior de la espalda y la caja torácica deben expandirse. Esto, como hemos visto en capítulos anteriores, ayuda a que el diafragma, que se encuentra unido a la parte inferior de la caja torácica y anclado a la espina dorsal en el área lumbar, alcance el máximo desplazamiento descendente. Para que esto suceda, los músculos y los órganos que participan en el proceso de la respiración deben estar en un estado de armonía dinámica, libres de toda tensión innecesaria. Pero esta expansión no sólo es un fenómeno físico, sino también psicológico. Depende tanto de la voluntad como de la capacidad para comprometernos completamente con nuestras vidas, para tomar nuevas impresiones de nosotros mismos y el mundo.

Libertad para abrazar lo desconocido

La exhalación y la inhalación completa, en consecuencia, son más posibles cuando somos lo suficientemente libres como para deshacernos de lo conocido y abrazar lo desconocido. En una exhalación completa nos vaciamos de dióxido de carbono, y con él de viejos conceptos, sentimientos y tensiones. En la inhalación completa nos renovamos, no sólo con oxígeno, sino también con nuevas impresiones acerca de lo que nos rodea y lo que llevamos dentro. Ambos movimientos de nuestra respiración dependen de «espacio vacío, no ocupado», que se encuentra en el centro de nuestro ser. Dicha sensación de espacio interior (y silencio) —que a veces podemos experimentar en la pausa natural entre la exhalación y la inhalación— es nuestro camino hacia lo desconocido; es la sensación de que este espacio nos puede vivificar y hacernos personas completas.

E J E R C I C I O S

Al prepararte para este ejercicio, siéntate o permanece de pie con los ojos abiertos y experimentando la entrada y salida de tu respiración. Entra en contacto con los tres tan tien —debajo del ombligo, en el plexo solar y entre las cejas. Siente las diferentes vibraciones que se producen en esas áreas. Mientras respiras, percibe tu respiración interior y exterior —los diversos movimientos ascendentes y descendentes tanto de los tejidos como de la energía. Identifica claramente cualquier zona que parezca tensa o cerrada a la respiración. Pasa al menos diez minutos en esta fase de la práctica.

1
ABRE TUS ESPACIOS RESPIRATORIOS

Durante la exhalación, con dos o tres dedos presiona suavemente la parte inferior del abdomen, entre el hueso púbico y el ombligo; durante la inhalación disminuye gradualmente la presión. Observa cómo responde el abdomen. Respira varias veces de esta forma. Ahora coloca las manos sobre el ombligo y trabaja de la misma manera: presionando mientras exhalas y gradualmente disminuyendo la presión cuando inhalas. Nota cómo comienza a abrirse tu espacio respiratorio inferior. A continuación, coloca las manos sobre las costillas superiores, a ambos lados del tronco. Cuando exhales, presiónalas ligeramente hacia dentro; cuando inhales disminuye la presión que ejercen las manos y siente que las costillas se expanden hacia fuera. Te ayudará mucho tomar conciencia de que las costillas inferiores, también llamadas «flotantes», pueden expandirse libremente por no encontrarse unidas al esternón. De hecho, la expansión de las costillas flotantes ayuda a crear más espacio para que los pulmones se expandan hasta su punto máximo.

Ahora ejerce una ligera presión sobre el plexo solar cuando exhales. Nuevamente observa durante varios minutos cómo comienza a relajarse y a abrirse la parte superior de tu abdomen. A continuación, mientras exhalas, presiona ligeramente la parte inferior del esternón. Respirando varias veces en cada posición, poco a poco sube hacia la parte superior del esternón. Si te tomas tu tiempo y trabajas tranquilamente, descubrirás que varios espacios respiratorios comienzan a hacerse más elásticos y amplios. Ahora vuelve a repetir la operación con las áreas del abdomen, la caja torácica (tanto sobre como entre las costillas), los hombros, etc., que parecen demasiado tensos o apretados. Tómate tu tiempo. Es mucho mejor hacer este trabajo durante quince o veinte minutos al día durante una semana aproximadamente que intentar hacerlo todo en una sola sesión.

2
UNA SIMPLE TÉCNICA PARA ABRIR LOS TRES ESPACIOS RESPIRATORIOS

Existe otra simple técnica con la que puedes experimentar para intentar abrir los tres espacios respiratorios. Esta técnica, que aprendí hace varios años de Ilse Middendorf, consiste en

presionar correctamente
las yemas de los dedos
de una mano contra las
de la otra. Para abrir el
espacio inferior, presio-
na las yemas de los de-
dos meñiques y los anu-
lares con firmeza, pero
sin hacer fuerza. Para el
espacio medio, presiona
las yemas de los dedos
medios, y para el supe-
rior, las de los pulgares
y los índices. Si quieres
intentar abrir todos los
espacios simultáneamen-

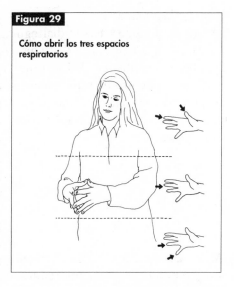

Figura 29

Cómo abrir los tres espacios
respiratorios

te, presiona las yemas de los cinco dedos al mismo tiempo
(fig. 29). Cuando hagas este ejercicio por primera vez, no respires más de ocho veces mientras estés haciendo presión.

3
MOVIMIENTO DE ESPACIOSIDAD

Una vez que sientas que más partes de ti mismo están involucradas en el proceso de la respiración, centra toda tu atención
en el movimiento del aire que atraviesa tu nariz durante la inhalación. Respira varias veces profunda y lentamente; siente el
vacío, la expansión y la espaciosidad del aire a medida que se
desplaza por tu tráquea hacia los pulmones. Pero no te detengas allí: mientras sigues inhalando, siente que la espaciosidad
desciende por todos los tejidos y órganos de tu abdomen hasta
llenar todo el espacio respiratorio inferior. Deja que esta sensación de espacio relaje todas las tensiones y absorba cualquier
energía estancada por debajo del ombligo. Mientras exhalas
lentamente, utiliza tu atención para dirigir esas tensiones y
energías hacia fuera del cuerpo con la respiración. Luego, tra-

baja de la misma forma con el espacio respiratorio medio (desde el ombligo hasta el diafragma), y con el espacio respiratorio superior (desde el diafragma hasta la parte superior de la cabeza) percibiendo los distintos tejidos y órganos que se encuentran dentro de estos espacios. Cuando hayas trabajado con los tres espacios respiratorios, deja de centrarte intencionalmente en la sensación de espacio, y sólo presta atención a tu respiración.

4
SIENTE LA RESPIRACIÓN
DE LA ESPINA DORSAL

Ahora que ya tienes cierta conciencia directa de los tres espacios respiratorios más importantes, especialmente en relación con la parte frontal del cuerpo, comenzaremos a trabajar con el espacio interior de la espina dorsal —el centro mismo de nuestro cuerpo— que conecta los tres espacios respiratorios de la parte posterior. En particular, intentaremos percibir el ritmo cráneosacral del fluido cerebroespinal, mientras pulsa a través del canal central de la espina dorsal, desplazándose desde el cerebro hasta el sacro. El fluido cerebroespinal —un fluido claro producido a partir de la sangre que fluye dentro del cerebro a través de una rica red de vasos sanguíneos— no sólo suministra nutrientes para el cerebro y la espina dorsal, sino que también elimina los productos tóxicos del metabolismo y cumple la función de absorber los *shocks*. La presión de este fluido influye sobre el flujo nervioso y afecta la capacidad de los sentidos y el cerebro a la hora de interpretar nuevas impresiones.

Recuéstate boca arriba, con las piernas estiradas y los brazos a ambos lados del cuerpo. Vuelve a percibir una vez más la expansión y contracción de tu respiración a medida que recorre los tres espacios respiratorios, los tres quemadores. Comprueba si puedes incluir tu ritmo cardíaco dentro de la sensación. Tras varios minutos, coloca los dedos sobre las sienes, por encima de las orejas (puedes hacer descansar los codos sobre el suelo) y percibe allí el pulso de tu corazón. Nota cómo se expande tu cabeza al inhalar y se contrae al exhalar. También puedes comenzar a sentir que todo tu cuerpo forma parte de este ritmo permanente de expansión y contracción. Tras dos o tres minutos de trabajo de este modo, contén la respiración intencionalmente después de inhalar. Comprueba si puedes percibir una expansión y contracción interior proveniente del área de la cabeza y la espina dorsal. Asegúrate de contener la respiración sólo hasta el punto en que te resulte cómodo. No pases ese límite. Tras algunas respiraciones espontáneas más, vuelve a contener la respiración y haz que la punta de la lengua toque el centro de la bóveda palatina. Más adelante, en este libro, hablaremos sobre el significado de esta acción para completar el circuito del flujo de energía llamado órbita microcósmica, pero por ahora sólo comprueba si puedes percibir que el paladar se expande y contrae al mismo ritmo que tu cabeza y espina dorsal. Si es así, lo que estás notando es la pulsación de tu fluido cerebroespinal. Un ciclo completo de expansión y contracción puede llevar de cinco a ocho segundos.

5
SIENTE TU ESPINA DORSAL
Y TUS ESPACIOS RESPIRATORIOS
AL MISMO TIEMPO

Ahora, sin perder contacto con la «respiración» de tu espina dorsal, incluye los tres espacios respiratorios en tu percepción de ti mismo. Mientras sientes la pulsación de tu espina dorsal, también percibe cómo se llenan y vacían los tres espacios respiratorios. Cuando exhalas, los espacios se contraen de arriba hacia abajo; y cuando inhalas se expanden de abajo hacia arriba. *No fuerces nada.* Sólo permítete experimentar el proceso de la respiración natural —un proceso en el que participan todos los espacios de tu cuerpo. Siente que con cada respiración los espacios se hacen más «grandes y espaciosos»; deja que tu conciencia entre en ellos y disfruta del confort de este proceso natural de expansión y contracción. Tras varios minutos, levántate y siéntate con las piernas cruzadas, o bien sobre una silla. Sigue trabajando con la respiración espaciosa durante varios minutos más, notando cualquier cambio que haya podido causar esta nueva postura.

6
LA PAUSA DE LA ESPACIOSIDAD

Ahora, simplemente, sigue el ritmo de tu respiración. Nota las dos pausas que tienen lugar en tu ciclo respiratorio: una tras la inhalación y otra tras la exhalación. Presta particular atención a la pausa posterior a la exhalación. Las grandes tradiciones místicas han hablando de la pausa entre la exhalación y la inhalación como un momento sin tiempo —un espacio infinito— entre el yin y el yang, la inacción y la acción, en el que podemos superar la imagen que tenemos de nosotros mismos y experimentar nuestra propia naturaleza incondicionada. Comprueba si al menos puedes percibir esta pausa como una entrada hacia ti mismo, hacia el espacio sanador de tu propia y profunda percepción de ti mismo. No intentes forzar nada; sólo observa y percibe. Trabaja de esta forma durante al menos diez minutos.

7
RESPIRACIÓN ESPACIOSA
EN CONDICIONES DE ESTRÉS

Resulta relativamente fácil tener una sensación de espaciosidad cuando nos encontramos en circunstancias sosegadas y tranquilas; y es importante, en particular al comienzo, practicar esta clase de respiración en tales circunstancias. Sin embargo, eventualmente, desearás comenzar a practicar la respiración espaciosa —en especial en el área del ombligo— en las estresantes circunstancias de tu vida diaria. Porque en esos momentos precisamente, con la práctica, conseguirás un mayor impacto sobre tu bienestar y tu salud, y recibirás importantes nuevas visiones de tu propia naturaleza. Es más: en estas circunstancias tendrás la oportunidad de descubrir una profunda percepción interior de ti mismo que está de alguna manera «separada» de las reacciones automáticas de tu sistema nervioso central (tu reflejo de «acción y reacción»); una sensación total de ti mismo que, si eres capaz de mantenerte en contacto con ella, disolverá cualquier tensión innecesaria y te proporcionará el apropiado grado de relajación que necesitas para cumplir con las exigencias reales del momento.

Cuando te preparas para trabajar en estas condiciones practica el siguiente ejercicio. Ponte de pie, con el peso equilibrado entre ambos pies y las rodillas ligeramente flexionadas. Siente la totalidad de tu ser de pie allí, respirando. Deja que tu percepción de ti mismo sea más y más profunda con cada respiración. Sin perder esta noción general de tu ser, deja que tu peso recaiga sobre tu pie derecho. Levanta el izquierdo a lo largo de la cara interna de la pierna derecha hasta la ingle. Utiliza las manos para colocar el talón en el área de la ingle, con la punta del pie apuntando hacia arriba, si es posible. Ahora levanta los brazos con las palmas hacia arriba hasta que ambas concurran sobre tu cabeza (fig. 30). Si esta postura te resulta demasiado fácil, si no te provoca ningún estrés, puedes intentar cerrar los ojos y mover los brazos hacia arriba y hacia abajo mientras estás de pie sobre una sola pierna. Si por razones de salud no puedes pararte sobre una pierna ni elevar los brazos por encima de la cabeza, usa tu inventiva: busca la manera de que la postura te resulte difícil. Ahora, una vez que has alcanzado la postura apropiada, relaja el pecho y el vientre, y luego comienza a respirar hacia la parte inferior del abdomen. Cuando inhales, percibe la espaciosidad que llena la parte inferior del abdomen; cuando exhales, siente que todas las tensiones salen al exterior a través de la respiración. Respira de esta forma durante dos o tres minutos; luego coloca la lengua en el paladar,

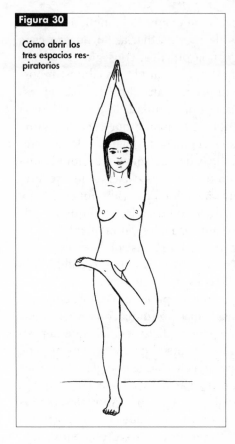

Figura 30

Cómo abrir los
tres espacios res-
piratorios

y comprueba si también puedes sentir la pulsación del fluido cerebroespinal. Cuando hayas acabado, lentamente vuelve los brazos a su posición inicial, a ambos lados del cuerpo, con las palmas hacia abajo; y coloca una vez más ambos pies sobre el suelo. Siente que todo tu cuerpo está respirando. ¿Puedes notar alguna diferencia entre el lado derecho y el izquierdo? Repite todo el proceso con la pierna contraria.

Como se trata de un ejercicio relativamente difícil, es excelente para prepararte antes de practicar la respiración espaciosa en una situación de tensión y estrés. La clave es aprender a relajarse por dentro en esta difícil postura. Si descubres que tu vientre y el pecho siguen tensos, centra tu atención en la cara, las orejas, la lengua, y haz que se relajen. Como tu cara refleja más directamente las tensiones de tu autoimagen, precisamente al aprender a relajar el rostro puedes comenzar a relajar el resto del cuerpo. Intenta respirar directamente hacia la totalidad de tu cara, en especial en el área del tan tien superior. Deja que el espacio se infiltre en tu nariz, ojos, orejas, etc. Luego vuelve a respirar hacia la parte inferior del abdomen.

Si comienzas a perder el equilibrio durante el ejercicio, no opongas resistencia; no intentes competir con la gravedad.

Pase lo que pase, manténte en contacto con la percepción total de ti mismo, incluyendo tu torpeza (tu cuerpo sabe cómo cuidar de sí mismo sin la ayuda de tu autoimagen). Si te caes, simplemente vuelve a comenzar desde el principio. Mientras continúas trabajando de esta forma —sin permitirte reaccionar del modo habitual ante la dificultad de la postura o tu propia ineptitud— comenzarás a comprender que esta percepción interior de ti mismo está íntimamente relacionada con un nivel de conciencia nuevo, más inclusivo, que puede transformar tu vida.

8
RESPIRACIÓN ESPACIOSA EN LAS
CONDICIONES NORMALES DE LA VIDA

Cuando consigas relajar el vientre, el pecho y la cara durante el ejercicio anterior, ya estás listo para practicar la respiración espaciosa en las situaciones normales de tu vida. Hagas lo que hagas, no elijas situaciones (en especial al comienzo) que te resulten tan estresantes que estés predestinado al fracaso; por el contrario, comienza con situaciones comunes, como caminar por la calle, hablar con un amigo, etc. Entonces, a medida que te sientas más a gusto con este ejercicio en tales circunstancias, puedes pasar a otras más difíciles; eventualmente desearás poner en práctica la respiración espaciosa cuando estés tenso o atravesando un fuerte estado emocional. Hazlo, por ejemplo, en medio de una discusión con alguien, o cuando sientas gran pena de ti mismo, ira, preocupación, impaciencia, etc. Si eres capaz de recordar practicar este ejercicio en esas condiciones más duras, comprobarás el modo en que la respiración espaciosa puede contribuir a transformar el estrés y la negatividad relacionados con tu autoimagen en la energía que necesitas para tu propio bienestar y vitalidad.

Practica los ejercicios de forma ligera, como un juego, de modo experimental —con la intención de aprender más acerca de ti mismo. Tras varias semanas o meses de este «trabajojuego» con la respiración espaciosa, notarás que varias tensiones comienzan a desaparecer por sí solas; asimismo, sentirás que tu respiración ocupa una parte mayor de cada espacio respiratorio. Estos cambios te permitirán observar patrones de tensión muy profundamente arraigados en las distintas posturas y movimientos de tu organismo, que inhiben la sensación de energía y movimiento e impiden que tengas acceso a la totalidad de tu ser. Y también caerás en la cuenta de que estos patrones se relacionan o incluso se alimentan de diversas actitudes e ideas del pasado, así como de emociones negativas crónicas que crean y mantienen tu autoimagen y dejan poco espacio para nuevas experiencias y percepciones. Quizás también te des cuenta de que son estas actitudes, ideas y emociones las que obstaculizan más tu respiración natural y, en consecuencia, perjudican tu salud y bienestar.

6

LA RESPIRACIÓN
SONRIENTE

La «respiración sonriente» es para mí
una práctica fundamental, tanto de autoconciencia
como de autosanación. El campo de energía
relajante y sensitivo que produce me ayuda
a observar por contraste las tensiones,
actitudes y hábitos poco saludables
que socavan mi salud y vitalidad. Y es más:
esta práctica ayuda a desintoxicar, energizar
y regular los diversos órganos y tejidos
de mi cuerpo y, en consecuencia, contribuye
a fortalecer mi sistema inmunológico, así como
a transformar el modo en que me siento
y percibo a mí mismo.

*M*UCHO SE HA ESCRITO en los últimos años acerca del poder de la risa en el proceso de sanación. La historia acerca de cómo Norman Cousins, ex editor de *The Saturday Review*, utilizó la risa (y la vitamina C) para recuperarse de una enfermedad incurable fue publicada por primera vez en su libro *Anatomy of an Illness* en 1979, y en la actualidad es reconocida en todo el mundo[1]. En 1994, el Centro Médico Pacific California, de San Francisco, creyendo que la risa es «la mejor medicina», incluyó un proyecto llamado «El Humor en la Medicina» en su programa de Medicina y Filosofía. Según el folleto del programa, llamado *Las distintas técnicas del sanador*, «los beneficios fisiológicos y psicológicos de la risa han sido bien documentados. Este programa se centra en cómo estimular y aplicar la risa sanadora de forma más eficaz en un ambiente hospitalario».

LA QUÍMICA DE UNA SONRISA

Aquellos que hemos experimentado en nuestra propia vida la forma en que la risa puede alterar nuestras emociones y apoyar nuestro bienestar, quizá también hayamos observado que

---

[1] Norman Cousins, *Anatomy of an Illness* (Nueva York, Bantam Books, 1979).

una sonrisa auténtica de un amigo —o incluso de un extraño que pasa por la calle— es contagiosa y tiene el poder de mejorar nuestro estado de ánimo y alejarnos, al menos temporalmente, de las restricciones de nuestro estrés y negatividad. Una sonrisa de estas características puede transformar nuestra química fisiológica y emocional, es capaz de proporcionarnos nueva energía y una perspectiva fresca hacia la vida, además de ayudarnos a «recordar» y aceptar quiénes somos realmente. Sin embargo, y por extraño que parezca, se ha escrito muy poco acerca de la química de la sonrisa y su relación con la curación.

La «sonrisa interior»

Dada la evidencia empírica con la que contamos acerca del extraordinario poder de una sonrisa para provocar estos cambios, es sorprendente que tan pocos de nosotros sonriamos intencionalmente para nuestro propio beneficio. Los maestros taoístas reconocen desde hace tiempo el poder de la sonrisa para ayudar a transformar nuestras actitudes y energías, y esta observación les llevó a practicar lo que Mantak Chia llama «sonrisa interior». En esta práctica aprendemos a sonreír directamente a nuestros órganos, tejidos y glándulas. «Los sabios taoístas dicen que cuando sonríes tus órganos segregan una sustancia parecida a la miel que nutre la totalidad del organismo. Cuando estás enfadado, tienes miedo o estás sumido en el estrés, producen una secreción venenosa que bloquea los canales energéticos y se instalan en los órganos provocando falta de apetito, indigestión, una mayor presión arterial, un ritmo cardíaco más acelerado, insomnio y emociones negativas. Sonreír a tus órganos también los hace expandir, tornarse más blandos y húmedos, y en consecuencia más eficientes» [2]. Varias meditaciones taoístas y otras prácticas diversas, inclu-

---

[2] Mantak Chia, *Sistemas taoístas para transformar el estrés en vitalidad* (Sirio, Málaga, 1992).

yendo el tai chi, utilizan la sonrisa interior; también se incluyen otras versiones de ella en la literatura budista (por ejemplo, en los libros de Thich Nhat Hanh), y encontramos su representación artística en la sonrisa consciente del Buda o la Mona Lisa.

La sonrisa voluntaria puede alterar nuestro estado emocional

No hay que observar demasiado ni gozar de un gran sentido común para darse cuenta de que sonreír intencionalmente puede ayudarnos a cambiar nuestro estado emocional. En su libro *The Expression of Emotions in Man and Animals*, Charles Darwin observó que la libre expresión de una emoción a través de signos externos contribuye a intensificarla. A finales del siglo XIX, el gran psicólogo William James aportó más datos para comprender completamente el tema cuando señaló que las emociones dependen de «la sensación de un estado corporal»[3]. Si cambias el estado corporal o la expresión, las emociones también cambiarán. Más recientemente, Moshe Feldenkrais, uno de los pioneros de la rehabilitación física y la conciencia corporal, ha escrito que «todas las emociones están conectadas con excitaciones que surgen del sistema nervioso autónomo o vegetativo, o bien de los órganos, músculos, etc., que éste inerva. La llegada de esos impulsos a los centros superiores del sistema nervioso central es percibida como una emoción»[4]. Al modificar las excitaciones que provienen de estas partes de nosotros mismos, a partir de un cambio consciente en nuestros movimientos y posturas, en realidad lo que hacemos es cambiar nuestras emociones, en especial aquellas en las que se basa nuestra autoimagen.

---

[3] William James, *Psychology* (Greenwich, Conn.: Fawcett Publications, 1963), p. 335.
[4] Moshe Feldenkrais, *The Elusive Obvious* (Cupertino, Calif.: Meta Publications, 1981), p. 61.

Podría decirse, y no sin razón, que existe una gran diferencia entre la «sonrisa espontánea» y la «sonrisa voluntaria». No obstante, en un reciente estudio científico acerca de los efectos de las distintas clases de sonrisas sobre la actividad cerebral localizada, dos investigadores descubrieron que la sonrisa voluntaria modifica la actividad cerebral local casi de la misma forma que la sonrisa espontánea. En un debate acerca de sus descubrimientos, los autores llegan a la siguiente conclusión: «Mientras las emociones en general se experimentan como hechos que le suceden al individuo, nuestros resultados sugieren que podría ser posible que el individuo eligiese algunos de los cambios fisiológicos que normalmente tienen lugar durante una emoción espontánea, simplemente realizando una expresión facial»[5].

Relajar nuestra autoimagen y regular los órganos

Desde la perspectiva taoísta, recurrir a una imagen agradable que nos provoque una sonrisa —o simplemente sonriendo al margen de lo mal o negativos que podamos sentirnos— tiene una influencia casi inmediata sobre la totalidad del organismo: abre y relaja nuestra cara, lo que favorece la apertura y relajación de todo el cuerpo; también relaja la autoimagen de la persona, así como todas las emociones y actitudes que la sustentan. Esta profunda relajación ayuda a promover una apropiada circulación de sangre y energía dentro del organismo para nuestra curación, y permite que el cerebro y el sistema nervioso se coordinen mejor con las vísceras y las regulen de forma más eficaz.

Según mi experiencia personal, creo que una sonrisa continua, especialmente si está dirigida hacia nuestros propios órganos y tejidos, genera la secreción de sustancias químicas benefi-

---

[5] Paul Ekman y Richard J. Davidson, «Voluntary Smiling Changes Regional Brain Activity», *Psychological Science: A Journal of the American Psychological Society*, vol. 4, núm. 5 (septiembre 1993), p. 345.

ciosas provenientes de esa notable farmacopea que es el cerebro humano, sustancias que pueden tener un impacto saludable e inmediato sobre el cuerpo. Cuando describí el proceso de la sonrisa interior a la neurocientífica Candace Pert y le pregunté si creía que podría producir sustancias beneficiosas para el cuerpo, respondió: «Sin ninguna duda». Al profundizar más en el tema, ella señaló que los péptidos «modelan los sentimientos», y sugirió que mientras estamos «sintiendo», mientras nos «centramos» en un órgano y «prestamos atención al sistema de circuitos autónomo» relacionado con él (circuitos que se componen en su mayor parte de péptidos), «contamos con el potencial para regular dicho órgano»[6].

CÓMO COMBINAR LA SONRISA INTERIOR
CON LA RESPIRACIÓN ESPACIOSA

Cuando la sonrisa interior se combina con una respiración profunda y espaciosa para crear lo que yo llamo «la respiración sonriente», el efecto puede ser incluso más poderoso, puesto que la respiración puede influir sobre la producción de sustancias químicas beneficiosas en el organismo. En la misma conversación a la que hice referencia en el párrafo anterior, Pert me dijo que un posible mecanismo para desatar el poder que tiene la respiración a la hora de alterar nuestras emociones y nuestra química puede tener lugar a través de la producción de neuropéptidos. Señaló entonces que el centro que controla la respiración se localiza en el cuarto ventrículo de la base del cerebro, el mismo punto que también segrega muchos neuropéptidos. Y sugirió asimismo que, alterando conscientemente nuestra respiración, podemos llegar a determinar qué neuropéptidos son liberados.

Sea como fuere que expliquemos su poder, la sonrisa interior dirigida es experimentalmente como un rayo de energía, de sensación y percepción, que guía la respiración espaciosa

---

[6] Conversación telefónica con Candace Pert, 9 de mayo de 1995.

hacia zonas más profundas del organismo; la respiración espaciosa es una especie de ola que transporta la energía de la sonrisa hacia todos los órganos. En mi opinión, la «respiración sonriente» es una práctica fundamental, tanto de autoconciencia como de autosanación. El campo energético relajante y sensitivo que produce me ayuda a observar, por contraste, las tensiones, actitudes y hábitos poco saludables que socavan mi salud y vitalidad. Y lo más importante es que esta práctica me ayuda a desintoxicar, energizar y regular los distintos órganos y tejidos de mi cuerpo y, en consecuencia, no sólo fortalece mi sistema inmunológico, sino que modifica mi forma de sentirme y percibirme a mí mismo. El siguiente ejercicio se basa en mis propios experimentos, que combinan ciertos elementos de la sonrisa interior de Mantak Chia con lo que yo llamo respiración espaciosa.

EJERCICIOS

A fin de prepararte para este ejercicio, siéntate durante varios minutos con los ojos cerrados y en calma. Percibe todo tu cuerpo simultáneamente, incluyendo cualquier tensión o emoción que puedas notar, y deja que se asienten como impurezas en un vaso de agua. No las «agites» pensando en ellas. Incluye tu respiración en tu percepción de ti mismo; luego abre cada uno de los tres espacios respiratorios principales mediante la respiración espaciosa. Siente que todo tu cuerpo respira.

1
PERCIBE Y RELAJA LOS OJOS

Siente los ojos. Lentamente hazlos girar en espiral varias veces y en ambas direcciones; luego detente y deja que se relajen.

Como señala Mantak Chia, «la práctica de la sonrisa interior comienza por los ojos, pues están unidos al sistema nervioso autónomo, que regula la acción de los órganos y las glándulas. Los ojos son los primeros que reciben las señales emocionales y hacen que los órganos y las glándulas se aceleren en momentos de estrés o peligro (el reflejo de "acción y reacción"), y que hagan lo contrario cuando la crisis ha pasado. Idealmente, los ojos mantienen un nivel de respuesta calmado y equilibrado; en consecuencia, al relajar los ojos puedes relajar todo el cuerpo y dejar en libertad tu energía para la actividad que se te presente»[7].

2
DEJA QUE LA SENSACIÓN DE RELAJACIÓN SE CONVIERTA EN UNA SONRISA

Una vez que sientas que tus ojos están relajados, deja que dicha sensación se expanda por toda la cara, incluyendo la lengua, los huesos del cráneo y la mandíbula. Ahora visualiza que alguien a quien quieres te está sonriendo. Deja que su sonrisa entre en ti y retribúyele con otra sonrisa (fig. 31).

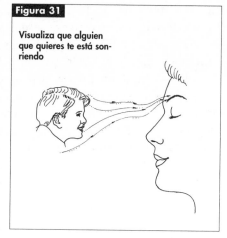

Figura 31

Visualiza que alguien que quieres te está sonriendo

Siente que tu rostro y tus ojos se relajan aún más. Si eres incapaz de pensar en una imagen que te provoque una sonrisa, simplemente sonríe intencionalmente: eleva los extremos de la boca y las mejillas, y hazlo lo mejor que puedas. Si consigues mantener este esfuer-

[7] Mantak Chia, *op. cit.*

zo durante varios minutos, pronto descubrirás que estás sonriendo de forma natural.

3
SIENTE QUE TU CARA RESPIRA
A TRAVÉS DE TU SONRISA

Ahora incluye la respiración espaciosa en tu conciencia. Cada vez que inhales, percibe que el aire entra a través de la nariz, la cara y los ojos. Siente que tu respiración se ve afectada por la sonrisa que tienes en la cara. Nota cómo la transforma: es como si esa sonrisa te hiciese respirar de forma más vibrante y expansiva. Mientras continúas inhalando y exhalando de esta forma, notarás un incremento en la saliva. Es un buen signo. No tragues aún: sólo sigue respirando, acumulando más y más saliva. La ciencia ha demostrado que la saliva contiene una amplia variedad de proteínas, incluyendo hormonas y otras sustancias, que tienen funciones digestivas, actúan contra las bacterias, generan minerales, etc. Los taoístas creen que además de estas funciones, la saliva —a la que en ocasiones llaman «el elixir dorado»— también puede absorber rápidamente el chi de nuestra respiración, y contribuye a llevar esta energía a todo el organismo[8]. Desde el punto de vista taoísta, una mayor producción de saliva, si se utiliza correctamente, puede resultar muy beneficiosa para nuestra salud general.

4
SONRÍE DENTRO DE TUS ÓRGANOS

Ahora guiarás tu respiración sonriente hacia todos tus órganos (fig. 32). Deja que tu sonrisa fluya hacia abajo, como

---

[8] Para una descripción contemporánea y detallada acerca de los descubrimientos científicos y creencias taoístas en cuanto a la saliva, véase *The Healing Tao Journal*, en su publicación de invierno de 1993: Healing Tao Books, P.O. Box 1194, Huntington, NY 11743.

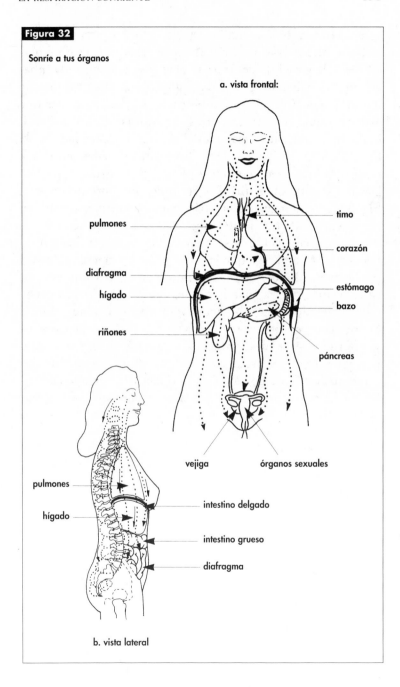

Figura 32

Sonríe a tus órganos

a. vista frontal:

pulmones

timo

corazón

diafragma

hígado

estómago

bazo

riñones

páncreas

vejiga   órganos sexuales

pulmones

hígado

intestino delgado

intestino grueso

diafragma

b. vista lateral

agua, a través de la mandíbula y el cuello hacia el timo, que se encuentra detrás de la mitad superior de tu esternón; percibe que la glándula del timo se abre y cierra con cada inhalación y exhalación. Luego, haz que la respiración sonriente llegue hasta tu corazón. Comprueba si puedes sentir que éste se relaja mientras sonríes y respiras «dentro» de él. Luego permite que la respiración sonriente se expanda hacia los pulmones, a ambos lados del corazón. ¿Puedes sentir que los pulmones se expanden y contraen dentro del pecho? Desde los pulmones dirige la respiración sonriente hacia el hígado, a la derecha de la caja torácica. Sonríe y respira en este área. Siente que la zona que rodea el hígado se expande y contrae suavemente, y se deshace de cualquier tensión innecesaria. Ahora, deja que la respiración sonriente incluya el páncreas y el bazo, que se encuentran en el lazo izquierdo de tu caja torácica, trabajando del mismo modo que has hecho con el hígado. A continuación incluye los riñones, que se encuentran en la parte media e inferior de la espalda. Comprueba si puedes sentir que espalda y riñones se expanden y contraen con cada respiración. Ahora deja que la respiración sonriente llegue hasta la vejiga y los órganos sexuales. Mientras respiras en este área, es posible que sientas que toda la parte inferior del abdomen se abre para llenarse de energía.

5
TRAGA LA SALIVA Y SIGUE EL CURSO DE TU ENERGÍA EN DIRECCIÓN DESCENDENTE

Tras completar este proceso, probablemente descubras que tu boca segrega más saliva de lo habitual. Junta toda la saliva que puedas en la boca. Cuando tengas una cantidad considerable, muévela de un lado a otro de la cavidad bucal varias veces y luego trágala al tiempo que enderezas el cuello ligeramente, elevando la barbilla. Cuando tragues la saliva sentirás una especie de calor, una sensación de energía, que conduce tu respiración sonriente hacia las partes inferiores de tu cuerpo. Percibe esta sensación que fluye lentamente hacia abajo a través del cuello hasta llegar al esófago, el estómago, el intestino grueso y delgado y el recto, que se encuentra directamente bajo el ano. Percibe que tu respiración sonriente atraviesa todo el aparato digestivo.

6
LLEVA LA RESPIRACIÓN SONRIENTE
HACIA EL CEREBRO Y LA ESPINA DORSAL

Vuelve a la respiración espaciosa y verifica una vez más que aún estés sonriendo. Percibe los ojos y deja que se relajen. Siente que tu respiración sonriente está entrando a todo tu cuerpo a través de los ojos y la cara y se dirige hacia atrás, en dirección a la glándula pituitaria, el hipotálamo y otras partes de tu cerebro (fig. 33). Mientras respiras de este modo, es posible que sientas que de alguna manera estás tomando más conciencia de tu cerebro y sus procesos. Deja que tu respiración sonriente llegue hasta la parte posterior del cerebro, en la zona del cerebelo. Percibe que toda tu cabeza comienza a expandirse y contraerse con cada respiración. Luego deja que la respiración sonriente fluya directamente hacia abajo por la espina dorsal, vértebra a vértebra, hasta el hueso caudal.

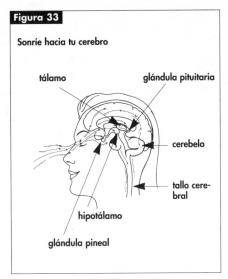

Figura 33

Sonríe hacia tu cerebro

tálamo

glándula pituitaria

cerebelo

tallo cerebral

hipotálamo

glándula pineal

7

RECOLECTA Y ABSORBE LA ENERGÍA

Ahora, mientras inhalas, percibe que tu abdomen se expande con la espaciosidad de tu respiración sonriente. Percibe la calidez y la energía de esta parte de tu cuerpo; cuando exhales, hazlo lentamente y por la boca. Centra casi toda tu atención en el abdomen, y deja que la agradable y espaciosa sensación que se está produciendo allí pueda esparcirse simultáneamente a todos tus órganos, tejidos y huesos. Una vez que sientas que tu conciencia de este proceso es lo suficientemente fuerte, puedes agregar un elemento más a esta práctica: cuando exhales, siente no sólo que la «energía sonriente» está siendo absorbida por tus órganos, sino también que cualquier tensión interior o toxina sale al exterior con la exhalación. A medida que te perfecciones en esta práctica, descubrirás que tiene un enorme poder energizante y que incrementa tu bienestar.

Mientras practicas con la respiración sonriente es importante que recuerdes que su propósito no es transformarte en un autómata de la sonrisa, sino que en realidad tiene dos finalidades: en primer lugar, ayudarte a contactar conscientemente con tu ser físico y emocional y, en segundo, ayudarte a liberar tus energías de cualquier tensión y negatividad innecesarias cuando te encuentras «bloqueado», partiendo desde cualquier área de ti mismo. A medida que lleves a cabo estos ejercicios, no olvides comprobar frecuentemente que estés sonriendo. Finalmente, tras varios meses de práctica, serás capaz de obtener casi los mismos resultados sólo con la mínima sensación de una sonrisa interior, lo que te permitirá practicar la respiración sonriente en medio del estrés y los conflictos de tu vida diaria.

7

LA CIRCULACIÓN
DE LA
RESPIRACIÓN VITAL

Allí donde se dirige nuestra respiración, también puede ir nuestra atención. Al aprender a respirar naturalmente —es decir, al aprender a respirar vitalidad «hacia» cada rincón de nuestro ser— no sólo favorecemos la expansión de nuestra conciencia interior, sino que además estimulamos el movimiento saludable y armonioso de las sustancias y energías por todo nuestro cuerpo.

*N*UESTRA SALUD Y BIENESTAR dependen del movimiento constante y armonioso de la energía (el chi) a través de la totalidad de nuestro organismo, una energía que, según los taoístas, proviene de los alimentos y del aire, pero también de la naturaleza y las estrellas. Un organismo sano es aquel en el que el movimiento de las diversas sustancias y energías se desarrolla sin impedimentos a través de los tejidos, órganos, nervios, vasos y canales del cuerpo; ello incluye, desde el fluido de sangre y linfa, al movimiento del fluido cerebroespinal, la transmisión de los impulsos nerviosos y la sinapsis, la continua liberación de hormonas y enzimas, la recepción de percepciones e impresiones a través de nuestros sentidos externos e internos, etc. Un coágulo de sangre, por ejemplo, puede provocar una apoplejía y la muerte inmediata; los nódulos linfáticos congestionados pueden favorecer la aparición de una enfermedad. Un nervio «comprimido» puede ocasionar la pérdida de movimiento o percepción; y una tensión innecesaria en nuestros músculos y tendones desperdicia energía, reduce nuestra sensibilidad orgánica y contribuye a la creación de toxinas en nuestro organismo.

LA NECESIDAD DE NUEVAS IMPRESIONES

Si comenzamos a observar nuestra vida psicológica, veremos que funciona de forma análoga y en estrecha relación con nuestra vida física. Las creencias y actitudes rígidas, así como una emocionalidad excesiva (ya sea positiva o negativa) pueden resultar tan peligrosas para nuestro bienestar como las arterias llenas de placa, puesto que pueden alterar drásticamente o incluso impedir todo el fluir de nuestra energía, además de disminuir nuestra sensación interna y externa de espaciosidad. Si se tornan crónicos, estos estados psicológicos pueden desequilibrar la totalidad de nuestro sistema y nuestra experiencia de nosotros mismos puede tornarse demasiado limitada, hasta el punto de hacernos perder la sensación real de nuestro ser como un todo. Algunos grandes maestros, como Buda y Gurdjieff, utilizan palabras como *apego* e *identificación* para describir el proceso por el cual perdemos contacto con nosotros mismos. Cuando continuamente nos «identificamos» o dejamos que nos absorba una imagen, idea, actitud, sensación o estado emocional en particular, nuestra conciencia de nosotros mismos, los demás y nuestro entorno se vuelve extremadamente limitada; además, la circulación de energía en nuestro interior pierde armonía, y partes de nosotros no reciben la nutrición física y psicológica que necesitan para mantener su salud y bienestar. Y lo peor es que tal identificación reduce lo que Gurdjieff llama el «alimento de impresiones» a través del cual «la naturaleza nos transmite (...) la energía por la cual vivimos, nos movemos y tenemos nuestro propio ser»[1]. El fluido de la vida, la energía y las impresiones, se torna más lento, y pronto descubrimos que estamos exhaustos o incluso enfermos.

En mi propia historia he comprobado que mi bienestar ha sufrido más cuando mi vida parecía «decaída» y desprovista de movimiento, cuando le faltaban nuevas impresiones de mí mismo y el mundo, no gozaba de satisfacción y sentido orgánico, o simplemente recibía demasiadas impresiones de una sola clase. En esos momentos me quedaba atrapado, congelado, en una prisión que yo mismo había construido a base de actitudes mentales, emocionales y físicas que excluían cual-

---

[1] P. D. Ouspensky, *op. cit.*

quier cosa nueva. Es evidente, no sólo desde el punto de vista de la experiencia sino también científico, que el sistema nervioso y el cerebro necesitan una estimulación constante pero equilibrada de nuevas impresiones para mantener la salud y el crecimiento. Como han señalado los investigadores Robert Ornstein y David Sobel: «Aparentemente, el cerebro tiene la necesidad de cierta cantidad de estimulación e información para mantener su organización. Cuando hay demasiada o muy poca aparece la inestabilidad y es posible que ello derive en una enfermedad»[2].

Cómo nutrir el cerebro y el sistema inmunológico

Para la mayoría de nosotros, la estimulación que el cerebro necesita nace principalmente de nuestro contacto con el mundo exterior, la interacción social, el entretenimiento, el estudio, los viajes, los desafíos en el campo laboral, etc. Y esta estimulación, *si no es demasiado estresante*, ayuda a mantener el organismo en equilibrio y a nutrir el sistema inmunológico. Cada impresión sensorial que recibimos influye sobre nosotros; incluso el sabor y el aroma de la comida pueden nutrir nuestro sistema inmunológico. Un reciente estudio llevado a cabo en la Universidad Duke demostró, por ejemplo, que el hecho de intensificar artificialmente los sabores y los olores de los alimentos que probaban los participantes incrementaba de forma significativa los niveles de células B y T de aquellos de más edad, que presentaban dificultades en su capacidad para saber y oler. Estos linfocitos, que maduran en la médula ósea, el timo y otras áreas, son «la fuerza que, en la mayoría de los casos, libera al cuerpo de la infección y la enfermedad»[3].

---

[2] *The Healing Brain*, p. 202.
[3] De un artículo titulado «The Body Guards», en *Living Right* (invierno de 1995), p. 23.

Nuevos sabores de nosotros mismos

No obstante, la posibilidad de nutrir el cerebro y el sistema inmunológico a través de una apropiada estimulación e información, no sólo depende de la percepción de los eventos externos; también puede tener lugar gracias a la percepción de sucesos internos, como nuestros pensamientos, sentimientos y sensaciones siempre cambiantes. La observación y percepción de nosotros mismos nos hace experimentar nuevos «sabores» de nuestro ser, que nos permiten absorber y metabolizar impresiones directas de nuestras funciones internas, actitudes y energías. Estas impresiones nos proporcionan una nueva sensación de vitalidad, pero no sólo eso; también comienzan a romper los confines de nuestra autoimagen para brindarnos una sensación más real y comprehensiva de nosotros mismos.

No obstante, como ya hemos visto, aprender a asimilar nuevas impresiones a través de la autopercepción requiere una gran relajación interior y también es necesario contar con la capacidad de respirar hacia más partes de nuestro organismo. Allí donde va nuestra respiración, también puede ir nuestra atención. Al aprender a respirar naturalmente —es decir, al aprender a respirar de forma vital hacia cada rincón de nuestro ser—, favorecemos la expansión de nuestra conciencia interior, pero a la vez estimulamos el movimiento saludable y armonioso de sustancias y energías a través de nuestro cuerpo.

CÓMO MOVER NUESTRA RESPIRACIÓN VITAL A TRAVÉS DE LA ÓRBITA MICROCÓSMICA

Desde el punto de vista taoísta, el movimiento natural de la energía, del chi, dentro del organismo, es de hecho el movimiento de nuestra «respiración vital»; se rige por la ley del yin y el yang, que se corresponde con la ley de la polaridad, de las cargas eléctricas positivas y negativas y el magnetismo, y tiene lugar a través de una compleja red de vías energéticas asociadas con los diversos órganos sensoriales, los órganos internos, y otros centros de energía del cuerpo. Como la energía fluye desde áreas de mayor potencial «eléctrico» hacia zonas que cuentan con un potencial menor, la enfermedad y el malestar aparecen cuando este fluir se bloquea o desequilibra de alguna manera. No obstante, los canales pueden abrirse o bien recuperar el equilibrio mediante diversas técnicas, como, por ejemplo, la acupuntura, el uso de hierbas, el masaje, la meditación, los movimientos y posturas especiales y, por supuesto, a través del trabajo con la respiración.

Basándose en sus propios descubrimientos y observaciones, los maestros taoístas y los médicos chinos creen que existen más de sesenta canales energéticos principales llamados meridianos dentro del cuerpo humano. Mientras algunos de ellos, denominados «canales primarios», guían la respiración vital (nuestra fuerza vital) hacia los diversos órganos y glándulas del organismo, otros, llamados «canales psíquicos», actúan como reservas especiales de energía que se conectan con los canales primarios y los alimentan. Para comprender el poder de la respiración natural desde el punto de vista taoísta, es necesario explorar los dos canales psíquicos principales: el canal regidor y el canal funcional, pues ambos conectan los principales centros de energía de nuestro cuerpo, absorben y transforman nuestra energía a medida que ésta los atraviesa, y a continuación suministran la energía apropiada a los canales primarios para su distribución hacia la totalidad del organismo.

Los canales regidor y funcional

El *canal regidor*, un canal yang, comienza en el perineo (entre el ano y los órganos sexuales), desciende hasta el extremo del coxis y luego sube a través de la parte externa del sacro y continúa hacia la columna. Cuando llega hasta el cráneo sigue hacia arriba por toda la superficie del cerebro hasta llegar a la coronilla, desde donde desciende por la parte media de la cara (aproximadamente cinco centímetros bajo la superficie de la piel) y finaliza en el paladar, la parte superior de la boca. El *canal funcional*, un canal yin, también comienza en el perineo, sube por debajo del hueso púbico y continúa hasta la línea central de la parte frontal del cuerpo, a través del ombligo, el plexo solar y el corazón a una profundidad de tres a cinco centímetros, hasta que alcanza la punta de la lengua. En general, la energía se mueve hacia arriba por el canal regidor y hacia abajo por el funcional, a pesar de que también puede hacerlo en dirección contraria. Este circuito energético se completa entre los dos canales de forma más eficiente cuando la punta de la lengua toca la bóveda palatina, y recibe el nombre de «órbita microcósmica» o «rueda de la vida» (fig. 34), base de la alquimia taoísta tanto para la salud como para el crecimiento espiritual[4].

La percepción directa de la energía

A pesar de que nuestras vidas dependen de la continua circulación de energía a través de estos dos canales, su cantidad, calidad y movimiento suelen ser insuficientes para el alto nivel de salud y vitalidad que nos corresponde por derecho propio. Desde el punto de vista taoísta, sólo mediante una percepción directa de esta energía podemos corregir la situación. Mantak Chia aclara este punto cuando afirma que: «El conocimiento del flujo de energía en nuestro cuerpo ayuda a comprender por qué la órbita microcósmica debe mantenerse activamente abierta para acomodar e incrementar el movimiento del chi. Cuando no sabemos cómo conservar, reciclar y transformar nuestra fuerza interior a través de esta vía, nuestro consumo energético se torna tan ineficiente como un coche que recorre poca distancia consumiendo mucha gasolina. Al practicar la

---

[4] El maestro Mantak Chia se explaya sobre la órbita microcósmica en un libro llamado *Despierta la luz curativa del Tao*, y propone a sus lectores diversas técnicas prácticas para abrir el canal regidor y el funcional.

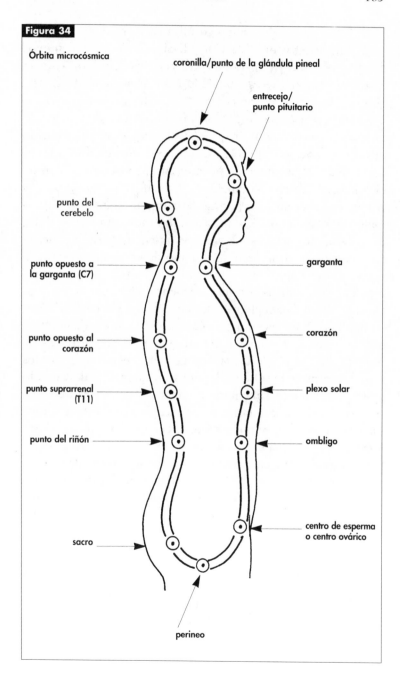

Figura 34

Órbita microcósmica

coronilla/punto de la glándula pineal

entrecejo/
punto pituitario

punto del
cerebelo

punto opuesto a
la garganta (C7)

garganta

punto opuesto al
corazón

corazón

punto suprarrenal
(T11)

plexo solar

punto del riñón

ombligo

sacro

centro de esperma
o centro ovárico

perineo

meditación de la órbita microcósmica podemos entrar en contacto con nuestro flujo de Chi y localizar bloqueos o puntos
débiles en este canal, para luego corregirlos. Esto nos ayudará
a utilizar nuestra fuerza vital de forma más eficiente y a conseguir un "kilometraje" interno más provechoso» [5].

La mayoría de nosotros, si somos francos con nosotros
mismos, debemos admitir que tenemos muy poca percepción
directa no sólo de nuestra fuerza vital, sino también de las
partes más importantes de nuestro cuerpo —nuestro vientre,
el pecho, la cabeza y la espalda—. Cuando sí percibimos estas
zonas, es generalmente porque ha surgido alguna especie de
malestar, como el dolor de espalda, las indigestiones, el dolor
de cabeza, etc., señales de que nuestra energía está bloqueada
en algún canal o no se mueve como debiera. No obstante, a
través del trabajo con la órbita microcósmica, comenzamos
a percibir estas áreas con más frecuencia en el curso de nuestra vida, junto con cualquier otra tensión que pueda estar desa-
rrollándose. Y es más: nuestra conciencia se expande gradualmente y comenzamos a tener impresiones más directas de
nuestro cuerpo desde dentro hacia fuera en relación con los
movimientos y bloqueos de nuestra fuerza vital. Cuando
aprendemos a experimentarla directamente a través de nuestra percepción, la órbita microcósmica se manifiesta a sí misma como un canal omnipresente hacia los espacios interiores
y centros energéticos de nuestro ser. Y a través de las impresiones de la circulación de nuestra energía interna dentro del
marco de estos espacios y centros puede tener lugar una verdadera transformación en nuestro cuerpo y psique, una transformación que puede ser la base de nuestra salud y desarrollo
interno.

---

[5] Mantak Chia y Maneewan Chia, *op. cit.*

LA CIRCULACIÓN DE LA RESPIRACIÓN VITAL

EJERCICIOS

Como hemos descrito aquí, la circulación de la respiración vital se basa en la meditación de la órbita microcósmica (como me enseñó el maestro Mantak Chia), una meditación que hasta hace muy poco tiempo sólo se enseñaba de maestro a alumno, y sólo después de que el alumno hubiese demostrado un alto nivel de compromiso y perseverancia. *No lleves a cabo este ejercicio hasta que no hayas trabajado con todo el material anterior de este libro y hayas comenzado a despertar tu percepción interna en relación con la totalidad de tu cuerpo.*

Cuando trabajes con la circulación de la respiración vital, es importante que te encuentres en un estado relajado y perceptivo, en el cual estés abierto a recibir nuevas impresiones de ti mismo. Como verás en el Apéndice 2, cada uno de los centros energéticos de la órbita microcósmica tiene específicos atributos psicológicos asociados a él, dependiendo de si el centro se encuentra abierto o cerrado. Eventualmente, la autopercepción te permitirá recibir impresiones directas del estado de cada centro y, en consecuencia, de tu estado emocional y psicológico.

Al prepararte para este ejercicio, comienza trabajando durante diez minutos aproximadamente con la «respiración sonriente», dirigiendo el aire hacia los distintos órganos internos; luego pasa varios minutos respirando suavemente hacia el abdomen. Percibe que tu vientre se expande mientras inhalas y se contrae durante la exhalación. A medida que esta sensación se haga más clara, deja de lado cualquier esfuerzo y sólo permite que la respiración tenga lugar espontáneamente. Tómate tu tiempo. Comprueba si puedes sentir que «respiras» desde lo más profundo de tu abdomen.

Cuando lleves a cabo este ejercicio, no te detengas demasiado tiempo en ningún centro, sobre todo en el del corazón, el punto opuesto al corazón, y la cabeza, porque el hecho de centrar tu atención durante un tiempo prolongado en cualquier centro antes de que la órbita microcósmica esté completamente abierta puede interrumpir el flujo energético en tu

cuerpo. No te concentres en los tres centros antes menciona-
dos durante más de veinte o treinta segundos. Para los demás
centros, uno o dos minutos deberían resultar suficientes.

1
DESPIERTA LA ENERGÍA DE TU PERINEO

Centra tu atención en el centro energético del perineo, localizado entre los órganos sexuales y el ano. Percibe este área tan
claramente como puedas. Una vez que recibas alguna sensación de este centro, en especial de su vibración, respira hacia
esa zona con una larga y lenta inhalación (fig. 35). Siente que
los centros parecen expandirse con tu respiración. Al exhalar,
libera cualquier tensión que identifiques en ese área, cualquier
sensación de «asimiento» o esfuerzo consciente. Repite este
proceso hasta que puedas percibir que la energía de tu perineo
cobra vida.

2
DESPIERTA LOS CENTROS
DEL CANAL REGIDOR

Ahora deja que tu atención comience a moverse a través del
canal regidor hacia el coxis y el sacro. (Incluso puedes descubrir que tu atención se dirige hacia allí de forma espontánea.)
Si te cuesta percibir esta zona o cualquier otra, tócala con los
dedos. Luego trabaja con la respiración del mismo modo que
hiciste con el perineo. Una vez que comiences a sentir que el
área se abre, continúa uno a uno hacia el punto del riñón
opuesto al ombligo, al torácico 11 opuesto al plexo solar; al
punto entre los omóplatos opuesto al corazón; al cervical 7,
que es la vértebra más grande de la base del cuello; a la «almohadilla de jade» que se encuentra en la base del cráneo; al
punto de la coronilla, en la parte superior de la cabeza; y al
punto del entrecejo, con el que hemos trabajado en capítulos

anteriores. No intentes forzar la situación. Sólo deja que cada punto comience a abrirse por sí solo cuando la energía de tu respiración se ponga en contacto con él. No necesitas pasar por todos los puntos del canal regidor en una sola sesión; puedes dividirlos en sesiones de diez o quince minutos a lo largo de varios días. Si prefieres hacerlo todo junto, comienza por el perineo cada vez que inicies una nueva sesión, y rápidamente repasa los puntos que ya has percibido.

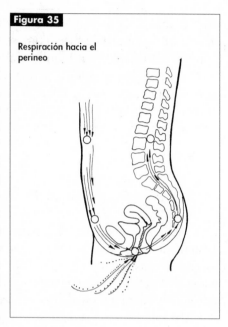

Figura 35

Respiración hacia el perineo

3
DESPIERTA LOS CENTROS
DEL CANAL FUNCIONAL

Cuando finalmente alcances el punto del entrecejo, haz que la punta de la lengua toque ligeramente el paladar, en el punto inmediatamente posterior a los dientes superiores, y sigue así durante el resto del ejercicio. (Una buena ubicación es el punto hacia el que la lengua va naturalmente al pronunciar la palabra «ley».) Ahora deja que tu atención comience a descender por el canal funcional a través de la boca, la lengua y hasta el centro de la garganta. Una vez más respira hacia dentro y fuera de este centro hasta que comiences a percibir una vibración de apertura. Luego deja que tu atención se dirija primero al centro del corazón, aproximadamente cinco centímetros por encima de la parte inferior del esternón; al plexo solar, a tres cuartas partes del espacio que separa el ombligo y la parte inferior del esternón; al ombligo; al centro sexual localizado en el área del hueso púbico; y finalmente otra vez al perineo. Tómate tu tiempo para este trabajo. La impaciencia no te conducirá a nada; lo importante es sentir realmente la sensación vibratoria de cada centro.

4
HAZ CIRCULAR LA RESPIRACIÓN VITAL

Una vez que consigas alcanzar y percibir los diferentes centros, el siguiente paso es empezar a experimentar la energía respiratoria mientras circula por ellos. No es un ejercicio fácil. Los taoístas clásicos dejan en claro que percibir la órbita microcósmica en su totalidad puede llevar muchos años. Es importante recordar que la mayoría de nosotros tenemos poca experiencia en trabajar con nuestra atención y energía de esta forma. Para casi todos, los centros energéticos están mezclados con la tensión y son apenas discernibles para nuestra conciencia, motivo por el cual el proceso de apertura de los centros puede resultar incómodo en ocasiones. Sin embargo, a medida que continúes practicando lentamente, comenzarás a experimentar una nueva sensación de movimiento en ti mismo, y un contacto mucho más directo con tu presencia energética.

En apariencia, este ejercicio es bastante simple. Cuando inhales, siente que la energía respiratoria sube por el canal regidor desde el perineo a través de los diversos centros; cuando exhales, nota que la energía se mueve hacia abajo por el canal funcional desde el punto del entrecejo a través de los distintos centros y de vuelta hacia el perineo. Asegúrate de que la punta de la lengua esté siempre en contacto con el paladar; además, de vez en cuando, puedes intentar revertir el proceso, es decir, respirar hacia arriba por el canal funcional y hacia abajo por el canal regidor. Esto te ayudará a limpiar los canales de tensiones o toxinas. No te preocupes si no puedes percibir ninguna clase de movimiento en alguno de los centros; simplemente observa lo que sucede: dónde puedes percibirte a ti mismo y dónde no. Con el paso del tiempo, los canales y centros comenzarán a abrirse más completamente, y recibirás impresiones nuevas y directas de tus energías internas mientras se mueven de forma más eficiente a través de tu organismo.

En ocasiones, la tradición taoísta denomina «pequeña órbita» a la órbita microcósmica, porque los taoístas también trabajan con la «órbita macrocósmica» o «gran órbita», en la cual la energía vital se mueve por los canales regidor y funcional, así como por otros que se encuentran en las piernas y los brazos. Existen otras prácticas que incluyen otros tantos canales energéticos que se encuentran en lo más profundo del cuerpo. Desafortunadamente, muchas personas comienzan a trabajar con estos ejercicios «superiores» antes de haber creado una base sólida para su trabajo, y ello no sólo puede generar confusión, sino también daños físicos o psicológicos.

LA SANACIÓN Y EL EQUILIBRIO

Respirar a través de la órbita microcósmica es una avanzada práctica de meditación y sanación que constituye la base de la mayoría de estas otras prácticas; además, puede tener efectos poderosos para nuestra salud física y también desde el punto de vista psicológico y espiritual. Durante siglos, los maestros de chi kung han afirmado que el hecho de notar que la energía fluye por la órbita microcósmica permite evitar o curar cientos de enfermedades. Cuando los estudiantes preguntan al maestro taoísta Mantak Chia cómo hace frente a dichas enfermedades, en general él les responde: «Practicad la órbita microcósmica; esto conectará las partes de vuestro cuerpo hasta formar un todo. Buscad primero el equilibrio y muchos problemas encontrarán solución» [6].

Sin embargo, este equilibrio no es estático: se basa en una atención interior constantemente renovada sobre nuestro centro de gravedad físico verdadero —el tan tien inferior, centro energético que se encuentra debajo del ombligo— durante los movimientos internos y externos que llevamos a cabo en la vida. La expansión y contracción rítmica de la respiración natural que se origina en lo más profundo del vientre fomenta esta atención y ayuda a activar la energía de dicho centro, así como hacerla circular por nuestro cuerpo *para conseguir una percepción más completa de nosotros mismos*. Como hemos visto, esta percepción orgánica general puede contribuir a liberarnos de lo que Lao Tse llama «nuestro limitado sentido del ser», y también puede comenzar a abrirnos a las fuerzas alquímicas de la sanación y la totalidad.

⁶ Mantak Chia y Maneewan Chia, *op. cit.*

APÉNDICE 1

PRÁCTICAS ESPECIALIZADAS DE RESPIRACIÓN

La integración de la respiración natural en nuestra vida diaria es quizá el trabajo más práctico que podemos hacer por nuestra salud, bienestar y crecimiento interior. Ya hemos explorado algunos de los efectos fisiológicos de esta clase de respiración sobre las distintas funciones de nuestro organismo, y también hemos hecho referencia a los efectos positivos que ejerce la respiración natural sobre nuestra vida emocional. No hay nada de misterioso acerca de los efectos de la respiración natural en nuestra vida, pues se basan en los funcionamientos internos de nuestro organismo, en las leyes del Tao, en el yin y el yang, en las leyes de la vida misma.

A través de la autoobservación y la conciencia de uno mismo, podemos comenzar a experimentar estas leyes para vivir y crecer en armonía con ellas.

Una vez que hayamos comenzado a practicar la respiración natural en forma regular y en las condiciones normales de nuestra vida diaria, existen varios ejercicios respiratorios especializados que podemos adoptar para necesidades específicas, como limpiar el sistema respiratorio, conseguir relajarnos en medio del estrés, revitalizar órganos específicos del cuerpo, liberarnos de congestiones y dolores de cabeza, etc. Gran cantidad de prácticas tradicionales nos ayudan a alcanzar estas metas, y en este Apéndice he incluido algunas de mis favoritas. Como estos ejercicios dependen de nuestra capacidad de percibirnos a nosotros mismos y nuestras energías desde el interior, en general es necesario practicar mucho con la respiración natural antes de poder obtener beneficios reales. Una excepción es el ejercicio llamado «Seis exhalaciones sanadoras», una simple pero poderosa

práctica que puede realizar cualquier persona en cualquier
momento.

LAS «SEIS EXHALACIONES SANADORAS»

Ésta es una antigua práctica taoísta de respiración que utiliza
el poder del sonido para ayudar a sanar órganos del cuerpo y
transformar las emociones negativas asociadas a ellos. Quien
primero me enseñó este ejercicio fue el maestro Mantak Chia,
que prefiere llamarlo «los seis sonidos sanadores», y desde entonces he encontrado varias referencias a él en el canon taoísta.
El maestro Chia enseña los seis sonidos sanadores en conjun-
ción con posturas y movimientos específicos destinados a
contribuir a que los sonidos alcancen los órganos apropiados,
y señala que las «frecuencias» de estos sonidos pueden ayudar
a enfriar y desintoxicar nuestros órganos y acelerar el proceso
de sanación; además, afirma que cualquier persona que practi-
que estos sonidos a diario rara vez caerá enfermo durante un
largo período.[1]

Descripción de los sonidos

Los seis sonidos están relacionados con los principales sistemas orgánicos del cuerpo, y están asociados a los canales
energéticos. El primer sonido, «ssss», como un silbido, actúa
sobre los pulmones y el colon y se relaciona con la nariz. Se
dice que este sonido es muy útil para problemas físicos tales
como resfriados, tos y congestión, y para problemas emocionales como el dolor y la tristeza. El segundo sonido, un
«fuuu» muy suave, similar al que emites al soplar una vela,
actúa sobre el riñón y la vejiga, y se relaciona con los oídos.

---

[1] Para obtener más información acerca del ejercicio de los seis sonidos sanadores, que además incluye determinados movimientos físicos y posturas, con-
súltese el libro de Mantak Chia titulado *Sistemas taoístas para transformar el estrés en vitalidad*.

Se dice que incrementa la energía vital general de la persona y mejora problemas como pies fríos, vahídos y falta de energía sexual, así como otros de carácter emocional como el miedo. El tercer sonido, «shhhh», el que emites cuando quieres que alguien guarde silencio, actúa sobre el hígado y la vesícula biliar, y está asociado a los ojos. Se dice que mejora problemas oculares, de anorexia y de vértigo, y que ayuda a transformar la ira y los celos. El cuarto sonido, «jaaaa» actúa sobre el corazón y el intestino delgado, y está relacionado con la lengua. Se dice que mejora los problemas cardíacos, el insomnio, las úlceras de lengua y los sudores nocturnos, al tiempo que transforma emociones como el odio, la arrogancia y la impaciencia. El quinto sonido, «juuuu» (gutural, emitido desde la parte posterior de la garganta), actúa sobre el bazo y el estómago, y se asocia a la lengua. Se dice que alivia problemas digestivos, las úlceras en la boca, la atrofia muscular y los desórdenes menstruales, y que también transforma la preocupación y la ansiedad. El último sonido, «jiiii» (silbado a través de los dientes entrecerrados), actúa sobre el triple calentador (los tres espacios respiratorios). Se utiliza para intentar armonizar la totalidad del flujo energético en el cuerpo, y se dice que es eficaz para los dolores de garganta, la distensión abdominal y el insomnio.

EJERCICIO

Para asegurar la salud general de todos los órganos y la circulación de la energía por todo el cuerpo, las seis exhalaciones sanadoras o los seis sonidos deben practicarse a diario en el orden descrito anteriormente. Cada sonido debe ejecutarse al menos tres veces. Si tienes un problema en particular relacionado con un órgano o emoción específica, puedes pasar más tiempo con el sonido que se relaciona con él, repitiéndolo tan-

tas veces como quieras. El ejercicio es extremadamente simple, y puedes llevarlo a cabo en cualquier postura. Cualquiera
que sea el órgano con el que estés trabajando, siente que estás
inhalando energía directamente hacia él. Mientras exhalas
emitiendo el sonido asociado, al mismo tiempo siente que
cualquier toxina o exceso de calor en el órgano está siendo ex-
pulsado de tu cuerpo. Pero además de exhalar de forma audi-
ble, también puedes intentar hacerlo sin emitir sonido alguno,
concentrando la vibración sonora dentro del órgano. Recuerda
que estos sonidos pueden practicarse sin ningún peligro en
cualquier momento.

RESPIRACIÓN HACIA LA CABEZA

La respiración hacia la cabeza es una técnica poco conocida
que puede utilizarse para intentar acabar con los dolores de
cabeza, o bien para eliminar la energía nerviosa de tu mente.
Esta práctica depende de la capacidad de experimentar los
centros energéticos superiores de la órbita microcósmica, en
especial el punto del entrecejo, la coronilla y la almohadilla de
jade en la base del cráneo, y percibir que la energía se mueve
por las vías que conectan estos centros.

E J E R C I C I O

Siéntate o permanece de pie, pero siempre en una situación cómoda. Centra tu atención en el punto del entrecejo. Mientras
respiras por la nariz, siente que tu respiración mueve el chi desde este punto hacia la frente, luego hasta el punto de la coronilla

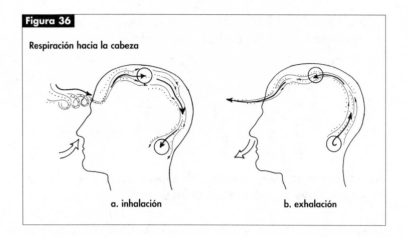

Figura 36

Respiración hacia la cabeza

a. inhalación   b. exhalación

(en la parte superior de la cabeza), y luego, pasando por la parte posterior de la cabeza, hasta la almohadilla de jade localizada en la base del cráneo. Cuando exhales por la nariz, siente que tu respiración mueve el chi en dirección inversa, es decir, desde la base del cráneo hacia la parte superior de la cabeza y finalmente hasta el punto del entrecejo (fig. 36). Respira de esta forma de tres a seis veces, percibiendo que cada inhalación y exhalación ayudan a tu chi a eliminar cualquier estancamiento o energía nerviosa. Si te cuesta percibir que tu energía se mueve por estos canales, utiliza los dedos para marcar el camino y para masajear dichos puntos; luego, inténtalo una vez más. Si puedes trabajar de esta forma sin tensar los músculos de la cabeza y la cara, muy pronto experimentarás resultados definidos.

RESPIRACIÓN DIGESTIVA

La respiración digestiva es un ejercicio simple pero eficaz que puede ayudar a favorecer la digestión. Se basa en el uso de la mano para estimular los puntos energéticos relacionados con

los meridianos del bazo y el estómago, mientras simultáneamente respiras de forma profunda hacia el vientre.

E J E R C I C I O

Siéntate sobre una silla firme, con la espalda recta pero relajada,
y los pies apoyados sobre el suelo frente a ti. Coloca las manos
sobre las rodillas, cu-
briendo exactamente el
hueso que las forma y
con los dedos apuntando
hacia abajo (fig. 37).

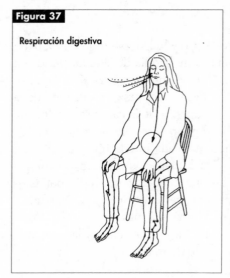

Figura 37

Respiración digestiva

Utiliza los dedos, en es-
pecial el índice, el corazón y el anular, para en-
contrar tres hendiduras
en tu rodilla en donde
entren perfectamente. El
dedo medio debe quedar
en el centro de la rodilla.
Ahora, simplemente deja
las manos allí, ejerciendo
sólo una ligera presión
para estimular los meri-
dianos que recorren el
área. Siente el calor que transmites a las rodillas desde tus manos.
Cuando inhales, percibe que estás respirando energía directamente hacia tu vientre, que se está expandiendo. Cuando exhales, siente la contracción natural del vientre. No uses la fuerza.
Trabaja de este modo durante al menos cinco minutos después
de cada comida o cada vez que tengas problemas digestivos.

LA RESPIRACIÓN «PURIFICADORA» DEL TAN TIEN

La respiración purificadora del tan tien es un poderoso ejercicio, tanto para la preservación de la salud y la autosanación, como para el incremento de tu energía vital interior. Basado en la respiración abdominal natural, este ejercicio tiene la finalidad de dirigir la respiración a través de la nariz y la tráquea hacia el tan tien inferior, el área que se encuentra exactamente bajo el ombligo, para exhalar los productos de desecho hacia fuera por la nariz o la boca, mientras simultáneamente condensas la energía respiratoria en las células de la parte inferior del abdomen. La respiración purificadora del tan tien requiere de una exhalación larga y lenta, puesto que, al prolongar intencionalmente la exhalación, no sólo favorecemos la eliminación de toxinas del cuerpo, sino que además contribuimos a activar el sistema nervioso parasimpático, con lo que incluso conseguimos más relajación y sanación interior.

E J E R C I C I O

Ya conocemos tanto la teoría como la práctica de la respiración abdominal. La clave para emplear la respiración del tan tien con el fin de intentar sanarse a uno mismo es inhalar lentamente hasta el área del tan tien, localizada de tres a cinco centímetros bajo el ombligo. Cuando inhales, centra tu atención en el tan tien inferior y percibe que la energía de tu respiración llena la parte inferior del abdomen; siente cómo se expande naturalmente. Cuando exhales, percibe que las tensiones y toxinas salen con la respiración, mientras tu abdomen naturalmente se contrae. Pero, como advierte Mantak Chia, «no hagas nada contrario a la vida». Aprende a prestar atención a la calidez vital o la vibración de la energía respiratoria que queda en tu abdomen cuando exhalas. Obsérvala con plena conciencia. Siente que es absorbida por tus células mientras exhalas los productos de desecho por la boca o la nariz. La respiración del tan tien es la esencia de la respiración natural, así que ten paciencia y ve despacio con este ejercicio: la clave es trabajar con toda tu atención, sin ninguna premeditación, y percibir la energía de tu abdomen. Si puedes trabajar de esta forma, la respiración purificadora del tan tien rápidamente se transformará en una parte normal y natural de tu vida.

RESPIRACIÓN DE FUELLE

La respiración de fuelle consiste en una rápida contracción y relajación de la pared abdominal cuya finalidad es efectuar la exhalación y la inhalación, y es una práctica fundamental que no aparece sólo en el taoísmo, también en el hinduismo, el budismo y muchas otras tradiciones. Su propósito es eliminar diversas toxinas y productos de desecho de los pulmones y el torrente sanguíneo. Pero tiene además otros beneficios: contribuye a abrir y limpiar las diversas vías aéreas de la cabeza y la garganta, ayuda a impulsar la linfa por el sistema linfático (con lo que en consecuencia se fomenta la habilidad del cuerpo para defenderse ante la enfermedad), proporciona un poderoso masaje interno en el área abdominal que estimula el sistema digestivo y oxigena y energiza todos los tejidos y órganos internos, fortalece los músculos del diafragma y el abdomen y ayuda a que funcionen más eficientemente. Incluso contribuye a masajear el cerebro mediante olas respiratorias transmitidas a través del sistema circulatorio, específicamente a través de las arterias carótidas. Y hace todo esto sin llegar a la hiperventilación[2].

---

[2] Mi primera experiencia con la respiración de fuelle resultó altamente instructiva, ya que aún no había comprendido cómo respirar naturalmente.

EJERCICIO

Prepárate para este ejercicio; siéntate o permanece de pie en la postura básica. Coloca las manos sobre el vientre y siente que tu peso hace presión hacia abajo. Respira naturalmente hacia el abdomen dejando que se expanda al inhalar y se contraiga al exhalar. Sigue de esta forma hasta que realmente puedas percibir el vientre desde el interior. Ahora deja que el pecho, y en especial el esternón, se «hundan»; nota que el pecho se relaja mientras tiene lugar este desplazamiento hacia abajo. Lleva a cabo varias respiraciones abdominales más mientras el pecho queda inmóvil.

Tuvo lugar durante un retiro espiritual. El primer día nos hicieron practicar ejercicios de respiración avanzados, incluso a los novatos como yo. Y para no correr riesgos, nos dijeron que estos ejercicios no debían hacerse desde el ego o la voluntad, sino desde un estado de relajación y exploración. Pero recibir instrucciones sobre cómo hacer algo no es lo mismo que ser capaz de experimentarlo. Por ejemplo, cuando nos pidieron que pusiésemos en práctica la respiración de fuelle (llamada *bastrika* en las distintas tradiciones indias), el resultado para muchas personas —incluido yo— fue casi cómico: movimientos espasmódicos y frenéticos de diversos músculos de todo el cuerpo, que en la mayoría de nosotros parecían más intencionados que fruto de la destreza. Incluso muchos de los estudiantes más avanzados tenían problemas para realizar el ejercicio con armonía. Mientras me observaba a mí mismo y a quienes me rodeaban, no pude evitar notar rostros, cuellos, hombros, tórax y brazos tensos —manifestaciones psicofísicas del «impulso ascendente» al que hace referencia Durckheim (véase Introducción)—, señal inequívoca de que la mayoría de nosotros intentaba hacer los ejercicios sin la relajación interior, la conciencia sensorial y el control muscular necesarios. Lo que me resultaba más sorprendente era que nadie venía a corregirnos. El impulso ascendente se hizo aún más claro cuando el maestro nos pidió que practicásemos la respiración de fuelle, primero a través de una fosa nasal y luego de la otra. Mientras seguíamos con estos ejercicios pranayama durante todo el retiro, con una mínima transformación visible de las tensiones, comencé a creer que el maestro había sobrestimado generosamente la capacidad de muchos de sus alumnos a la hora de poner en práctica sus enseñanzas. Hoy simplemente diría que no les había preparado correctamente para hacerles obtener beneficios de los ejercicios que proponía; no se había tomado el tiempo necesario para ayudarles a aprender a respirar naturalmente.

1
EXPELE EL AIRE CON
EXHALACIONES FUERTES

Cuando estés listo, expele el aire de los pulmones a través de la nariz con una fuerte contracción de la pared abdominal; en otras palabras, exhala llevando el vientre hacia atrás, hacia la espina dorsal, en un movimiento rápido cuyo efecto es empujar el diafragma hacia arriba y en consecuencia expeler el aire de los pulmones. Tras la inhalación, deja que éstos vuelvan a llenarse automáticamente sin ningún esfuerzo de tu parte, y sin ninguna pausa intencional. Deja que el vacío que has creado en tu pecho haga todo el trabajo. *Probablemente tus pulmones se llenen sólo hasta la mitad de su capacidad; en cualquier caso, no dejes que vuelvan a llenarse completamente antes de realizar la siguiente exhalación forzada.* Una vez más, contrae la pared abdominal, expeliendo el aire de los pulmones con fuerza. Centra tu atención completamente en la exhalación; deja que la inhalación cuide de sí misma. Sigue respirando de esta forma comenzando a un ritmo de una respiración completa cada tres o cuatro segundos, y aumentando poco a poco hasta llegar a una por segundo (en el lapso de muchas semanas y meses).

2
VERIFICA LA PRESENCIA
DE TENSIONES INNECESARIAS

La clave de este ejercicio es estar seguro de que tu respiración está siendo regulada por tus contracciones y expansiones abdominales. Analiza lo que sucede en tu pecho, cuello, hombros y cara para asegurarte de que están relajados. Las personas suelen hacer muecas al realizar este ejercicio, y esta tensión innecesaria cierra los canales nasales y restringe el fluido, tanto de la respiración como de la energía, lo que puede causar dolores de cabeza u otros problemas. Cuando descubras una tensión innecesaria en cualquier punto de tu cuerpo, sonríele y comienza de nuevo. No continúes con la respiración de fuelle si sientes dolor o malestar, en especial en la cabeza, el pecho o el vientre. Si sientes dolor, descansa y comienza por el principio, respirando naturalmente hacia el vientre con plena conciencia.

Como la respiración de fuelle supone respirar de forma mucho más rápida de lo normal, muchas personas la relacionan con la hiperventilación. Sin embargo, si la realizas correctamente —utilizando los músculos abdominales y no los pectorales— no experimentarás los síntomas extremos que suelen relacionarse con la hiperventilación, como intensos vahídos, ruido en los oídos, o incluso desmayos. Sin embargo, puedes sentir cierta sensación de mareo, en especial cuando comiences a practicar la respiración de fuelle, como resultado del cambio de equilibrio entre el oxígeno y el dióxido de carbono en la sangre, y también como una consecuencia temporal de la apertura de los canales energéticos. Si te sientes mareado o que no estás obteniendo suficiente oxígeno, deja el ejercicio, haz una inhalación larga y lenta, contén la respiración durante algunos segundos y luego exhala. Puedes hacerlo tantas veces como lo necesites. Luego intenta volver a la respiración de fuelle. Al principio comienza con nueve respiraciones, y con el paso del tiempo aumenta hasta dieciocho, treinta y seis, etc. (en varias semanas o meses), hasta que consigas respirar de esta forma durante dos minutos o más.

La respiración de fuelle es especialmente efectiva a primera hora de la mañana, al aire libre, y te ayuda a comenzar el día con energía. Pero también puede hacer maravillas cuando te sientes física, emocional o mentalmente cansado, enfadado o de mal humor. Cuando hagas este ejercicio, deja que sea el vientre el que haga el trabajo, pero siempre asegúrate de obtener claras impresiones sensoriales de ti mismo antes, durante y después de esta práctica, pues a través de ellas mejorarás el ejercicio y comprenderás el verdadero beneficio de esta clase de respiración.

RESPIRACIÓN ABDOMINAL INVERSA

La respiración abdominal inversa, tradicionalmente llamada respiración taoísta, invierte los movimientos naturales del abdomen en la respiración natural. En la inversa, el abdomen se contrae durante la inhalación, y se relaja y mueve hacia fuera durante la exhalación. A pesar de que la respiración inversa ofrece muchos de los beneficios de la respiración natural debido a su énfasis sobre el movimiento abdominal, tradicionalmente la utilizan los practicantes de chi kung, los sanadores y los especialistas en artes marciales para llevar la energía a sus tejidos y huesos, así como para dirigirla —para su almacenamiento, la acción o bien la sanación— hacia cualquier parte de su organismo. También se utiliza para crear lo que se conoce como «chi guardián», un escudo de energía protector que rodea al cuerpo y ayuda a alejar las influencias negativas, incluidas las bacterias y los virus peligrosos para nuestra salud. En consecuencia, es especialmente útil para el funcionamiento del sistema inmunológico.

Parte de los motivos del gran poder que tiene esta práctica es el cambio que produce en la presión diferencial entre el pecho y el abdomen. Cuando el diafragma se mueve hacia abajo y el vientre se contrae durante la inhalación, la presión resultante en el abdomen ayuda a «acumular» la energía respiratoria en los tejidos y órganos abdominales así como en la espina dorsal. Cuando el diafragma se relaja y se desplaza hacia arriba, y también se relaja el vientre moviéndose hacia adelante durante la exhalación, la repentina liberación de presión guía la energía hacia fuera, hacia donde estemos centrando nuestra atención; por ello es extremadamente importante tener claro hacia dónde apuntamos al practicar la respiración inversa, pues de otro modo podemos perder rápidamente la energía. A pesar de todos sus beneficios, la respiración inversa sólo debería llevarse a cabo cuando la persona se siente completamente a gusto con la respiración abdominal natural. Sin este nivel de confort, se suele tensar la cara, el cuello y el pecho, y llevar el diafragma hacia arriba durante la inhalación, lo que no sólo anula los efectos positivos del ejercicio, sino que además genera diversos problemas, como dolor en el pecho, diarrea, un incremento en el ritmo cardíaco o la presión arterial, y el estancamiento de la energía. También puede provocar confusión mental y emocional y una dispersión de la energía de la conciencia.

E J E R C I C I O

A pesar de que puedes practicar la respiración inversa sentado, es mejor, especialmente al comienzo, que lo hagas de pie, pues eso te facilitará sentir tu peso haciendo presión hacia abajo, y por consiguiente permitirá contrarrestar cualquier tendencia a llevar el diafragma hacia arriba durante la inhalación. Para prepararte, practica la respiración del tan tien durante varios minutos, asegurándote de que los hombros y el pecho estén relajados, así como de que el diafragma se mueva hacia abajo cuando inhalas y hacia arriba cuando exhalas. Respira de esta forma hasta que comiences a sentir calor o una vibración definida en el vientre.

1
INVIERTE EL PROCESO RESPIRATORIO

Cuando sientas esta calidez, lleva el vientre lentamente hacia atrás, hacia la espina dorsal, mientras inhalas, y deja que se relaje hacia fuera durante la exhalación. Al inhalar, asegúrate de tener el pecho relajado y de sentir que el diafragma se desplaza hacia abajo; mientras lo hace, notarás que crece la presión en la parte inferior de tu abdomen, incluso en todo el tramo hasta el perineo. Si sientes presión en el área del plexo solar necesitas relajar más el pecho, y asegurarte de que el diafragma se desplace hacia abajo mientras inhalas. Una forma de fomentar esta relajación es dejar que los hombros se muevan ligeramente hacia adelante, y sentir que el esternón se desplaza hacia abajo.

2
GUÍA LA ENERGÍA
HACIA ÁREAS ESPECÍFICAS

Cuando la respiración inversa te resulte más natural, comienza a prestar más atención a la calidad de la energía que se acumula en tu abdomen cuando inhalas. Al exhalar, deja que se expanda hacia fuera para nutrir todo tu cuerpo; también puedes emplear tu atención para guiarla hacia cualquier parte de tu organismo que desees ayudar a sanar. Si estás teniendo algún problema en un área en particular, sigue inhalando hacia el abdomen, pero visualiza y percibe que la energía de tu respiración se dirige hacia el área con problemas mientras exhalas.

APÉNDICE 2

LAS DIMENSIONES PSICOLÓGICAS DE LA
ÓRBITA MICROCÓSMICA

Según el maestro taoísta Mantak Chia, cada uno de los centros
energéticos de la órbita microcósmica influye sobre nuestras
emociones de un modo particular, dependiendo del grado en
que el centro esté abierto o cerrado. En mi trabajo personal
con la órbita microcósmica me ha resultado evidente que el
hecho de aprender a percibir estos distintos centros o puntos
me ayuda a abrirlos para que la energía pueda fluir más libremente por el organismo. Este trabajo con la sensación es también una vía directa al autoconocimiento.

La siguiente reseña de los centros de energía y sus influencias emocionales (derivada principalmente de las enseñanzas y
libros de Mantak Chia), no tiene la intención de ser exhaustiva
ni definitiva. Cuando comiences a aprender a utilizar tu respiración para percibir tu cuerpo y emociones en medio de las actividades cotidianas de tu vida, quizá encuentres rasgos psicológicos diferentes de los que hemos mencionado relacionados con
estos centros. Lo cierto es que, trabajar de este modo, te hará tener una nueva visión de ti mismo, en particular de la relación
entre tu vida física y tu vida psicológica.

El centro del ombligo

Los sabios taoístas y los practicantes de la medicina china consideran que el centro del ombligo, que incluye el tan tien inferior, no
sólo es el centro físico del cuerpo, sino también la principal «batería de almacenamiento» del chi. Como dice Mantak Chia, «el centro del ombligo fue nuestra primera conexión con el mundo exterior. Todo el oxígeno, la sangre y los nutrientes fluían hacia
nuestra forma fetal a través de esta puerta abdominal. Como resultado, el centro del ombligo tiene una sensibilidad especial que se

prolonga mucho más allá del corte del cordón umbilical en el nacimiento; sigue con nosotros durante toda la vida»[1].

CERRADO: La persona siente una falta de equilibrio psicológico, una sensación de distracción o bien de ser muy crítico. No está abierta a recibir nuevas impresiones.

ABIERTO: La persona siente la sensación de apertura hacia el mundo, la sensación de estar centrado.

El centro sexual

Este centro —localizado en las mujeres ligeramente sobre el hueso púbico y entre los ovarios, y en los hombres en la base del pene, de tres a cinco centímetros hacia el interior del cuerpo— es el «generador» básico de energía del cuerpo humano.

CERRADO: La persona siente una falta general de energía y disfruta poco de la vida. Se siente autodestructiva, negativa y apática.

ABIERTO: La persona siente la sensación de poder creativo y personal y la capacidad de hacer cosas.

El perineo

El perineo se localiza entre los órganos sexuales y el ano. Por su posición anatómica, conecta los dos canales de la órbita microcósmica y sirve como base de los órganos internos del abdomen.

CERRADO: La persona se siente insegura y sola. Además teme cualquier clase de cambio.

ABIERTO: La persona se siente con los pies sobre la tierra, conectada a ésta y a sus energías sanadoras. También tiene una sensación de paz.

El sacro y el coxis

A pesar de que el coxis y el sacro representan dos puntos diferentes, los trataremos como uno solo en relación con la órbita microcósmica. En el sacro y el coxis se unen la mayor parte de los nervios de los órganos y las glándulas, y la energía se dirige hacia la espina dorsal. En este área los taoístas creen que la

---

[1] Mantak Chia y Maneewan Chia, *op. cit.*

energía de la tierra y la energía sexual se refinan y transforman antes de pasar a los centros superiores.

CERRADO: La persona se siente desequilibrada, pesada, y desesperanzada. Siente que el pasado es una prisión y que se encuentra a merced de diversos miedos inconscientes.

ABIERTO: La persona se siente ligera y equilibrada. Piensa que el pasado es una fuente a la que se puede recurrir para comprender más profundamente la vida y comprometerse con ella.

Centro del riñón

El centro del riñón se encuentra entre la segunda y tercera vértebra lumbar de la espina dorsal. Puedes localizarlo colocando el dedo en la columna, en la parte opuesta al ombligo, y luego inclinándote hacia adelante en este punto; la vértebra que sobresale más marca el área del centro del riñón. Llamado puerta de la vida o «ming men», es el centro en el que se almacena nuestra vitalidad prenatal y nuestra esencia sexual.

CERRADO: La persona siente miedo y falta de equilibrio, además de falta de energía vital.

ABIERTO: La persona experimenta sensaciones de apertura, abundancia y generosidad.

Centro suprarrenal

El centro suprarrenal (T11), localizado entre las vértebras torácicas números 11 y 12 opuestas al plexo solar, se halla entre las dos glándulas suprarrenales, que se encuentran en la parte superior de los riñones. Las glándulas suprarrenales, que producen adrenalina o noradrenalina, así como una variedad de hormonas, son la principal fuente de energía del sistema nervioso simpático, y se activan cada vez que hay estrés o una respuesta instintiva de «acción y reacción».

CERRADO: La persona se siente indiferente o bien demasiado atenta. Los miedos del pasado pueden volver para modificar su experiencia y comportamiento.

ABIERTO: La persona siente una sensación de vitalidad y confianza.

Centro opuesto al corazón

Este centro, que se localiza entre la quinta y sexta vértebra torácica, entre los omóplatos, tiene una estrecha relación con el funcionamiento del corazón y la glándula del timo.

CERRADO: La persona siente una sensación de «peso», desesperanza y caos.

ABIERTO: La persona se siente libre y profundamente viva.

Centro opuesto a la garganta

Este centro, localizado justo debajo de la séptima vértebra cervical (C7), es la «caja de empalme» central en la que se unen las energías, nervios y tendones de las partes superior e inferior del cuerpo. Cualquier bloqueo en este centro restringe el flujo de energía por la espina dorsal hacia los centros superiores de la cabeza. Para encontrarlo rápidamente, inclina la cabeza hacia adelante: la vértebra que sobresale más es C7.

CERRADO: La persona se siente desconectada de sí misma y los demás, y también percibe una sensación de terquedad y falta de aptitud.

ABIERTO: La persona se siente capaz de abrazar tanto su propio ser como a los demás con humanidad.

Centro del cerebelo

A veces llamado «almohadilla de jade», este centro se localiza sobre la primera vértebra cervical, en el hueco que se encuentra en la base del cráneo. Incluye el cerebelo y la médula oblonga, que ayuda a controlar la coordinación muscular, la respiración y el ritmo cardíaco. Para los taoístas, este centro es un lugar de almacenamiento de la fuerza terrenal y de refinamiento de la energía sexual.

CERRADO: La persona siente torpeza, peso y sofoco; incluso puede experimentar dolor de cuello.

ABIERTO: La persona se siente inspirada.

Centro de la coronilla

Este centro se encuentra en la parte superior de la cabeza, donde una línea imaginaria que se extiende desde la parte superior de ambas orejas se corta con la línea media de la cabeza. Este centro tiene una relación especial con la glándula pineal, así como con el tálamo y el hipotálamo. El centro de la coronilla se conecta con el sistema nervioso central, así como con el sistema sensorial/motor.

CERRADO: La persona puede caer bajo la influencia de ilusiones o desilusiones, perdiéndose tanto en una falsa sensación de orgullo como en la creencia de que es una víctima. También puede tener cambios erráticos de humor y dolores de cabeza.

ABIERTO: La persona irradia una profunda felicidad, y siente que lo guían fuerzas superiores.

Centro de la glándula pituitaria

Este centro, en ocasiones llamado «tercer ojo», se encuentra sobre el entrecejo, aproximadamente unos nueve centímetros hacia dentro del cráneo, y produce hormonas que rigen una amplia variedad de funciones corporales. Los taoístas creen que es la morada del espíritu.

CERRADO: La persona siente falta de propósito, de resolución. La mente «divaga» y es incapaz de tomar decisiones.

ABIERTA: La persona tiene una sensación de propósito verdadero, así como de un conocimiento directo, de intuición.

Centro de la garganta

Este centro, que incluye las glándulas tiroides y paratiroides, se localiza en el espacio similar a una V que se encuentra en la parte inferior de la garganta, justo sobre el esternón. La función de este centro incluye el habla, los sueños, la producción de hormonas del crecimiento y la regulación del metabolismo.

CERRADO: La persona se siente bloqueada y no tiene deseos o bien es incapaz de comunicarse o de cambiar.

ABIERTO: La persona es capaz de comunicarse claramente, incluso con elocuencia, y sus sueños son más lúcidos.

Centro del corazón

Desde el punto de vista energético, el centro del corazón se encuentra entre los pezones en el hombre y aproximadamente tres centímetros por encima de la parte inferior del esternón en la mujer. La apertura del centro del corazón es muy pequeña, así que este centro puede bloquearse o congestionarse con facilidad. Rige este órgano además del timo, que es una parte importante de nuestro sistema inmunológico.

CERRADO: La persona siente diversas emociones negativas, incluyendo arrogancia, pena por sí misma, impaciencia y odio.

ABIERTO: La persona siente alegría, amor, paciencia, franqueza, por sí misma y los demás.

Centro del plexo solar

Este centro se encuentra aproximadamente a tres cuartas partes del espacio entre el ombligo y la parte inferior del esternón; se relaciona con diversos órganos, incluyendo el estómago, el bazo, el páncreas y el hígado. Los taoístas creen que en la «caldera» del plexo solar, la energía sexual (ching) y la energía de la fuerza vital (chi) se transforman en energía espiritual (shen). Mantak Chia considera que, a pesar de que es importante que el centro del plexo solar esté abierto, «si lo está demasiado, la persona puede ser extremadamente sensible a los pensamientos, sentimientos y opiniones de los demás, hasta el punto de ser incapaz de cerrar la estática mental y emocional cuando se encuentra en compañía de otros»[2].

CERRADO: La persona siente pánico y preocupación, y es extremadamente precavida.

ABIERTO: La persona siente una sensación de libertad interior y la capacidad de correr riesgos en su nombre o en el de otros.

---

[2] Hace referencia a distintas formas de proteger el plexo solar en su libro *Despierta la luz curativa del Tao*.

Si deseas recibir información gratuita
sobre nuestras novedades

- Llámanos
  o
- Manda un fax
  o
- Manda un e-mail
  o
- Escribe
  o
- Recorta y envía esta página a:

C/ Alquimia, 6
28933 Móstoles (Madrid)
Tel.: 91 614 53 46
Fax: 91 618 40 12
E-mail: contactos@alfaomega.es - www.alfaomega.es

Nombre: ....

Primer apellido: ....

Segundo apellido: ....

Domicilio: ....

Código Postal: ....

Población: ....

País: ....

Teléfono: ....

Fax: ....

E-mail: ....

El tao de la respiración natural